JN410084

짧은 시간 긴 여행

국립중앙도서관 출판예정도서목록(CIP)

짧은 시간 긴 여행 / 지은이: 박정란. -- 대전 : 지혜 : 애지, 2017
p. ; cm. -- (지혜사랑 산문선 ; 006)

ISBN 979-11-5728-245-6 03810 : ₩12000

한국 현대 수필[韓國現代隨筆]

814.7-KDC6
895.745-DDC23 CIP2017020420

지혜사랑 산문선 006

짧은 시간 긴 여행

박정란

지혜

작가의 말

오래 망설였다. 젊어서는 돌보아야 할 일들이 너무 많았고, 나이 들어서는 겨우 생활 잡기에 그치는 내 글에 대한 부끄럼 때문이었다. 환갑에 책을 내겠다고 미루다가 환갑을 넘기고도 또 5년이 지나고 말았다. 남편의 퇴직을 앞두고도 또 망설이다가 두 달을 남겨 놓고야 부랴부랴 정리에 들어갔다. 곁에서 채근해 주시는 많은 지인들께, 그동안 열심히 산 내 자신에게, 그리고 고마운 남편에게, 이제는 이 책을 선물해도 되겠다는 결심이 서서다.

이 책을 내기까지 나태주 시인님 부부께서 가장 큰 힘이 되어 주셨다. 언제나 부족한 사람 곁에서 희망을 주시는 고마운 두 분이시다. 서른 중반, 가정주부이던 나를 문학의 길로 인도해 주신 분도 나 시인이셨다. 주부로 충실하고자 했던 나는 글 욕심은 갖지 못하고 살았다. 그런 나를 늘 독려하셨고, 그 덕에 문인들 곁에서 긴 세월을 즐겁게 보낼 수 있었음에 감사하다.

만학의 길에 길잡이가 되어 주고 곁에서 용기를 주신 양애경 교수님과 조동길 교수님께도 감사하는 마음 전하고 싶다.

무엇보다도 옆에서 늘 힘이 되어준 고마운 남편, 두 아들 남완, 남현과 예쁜 며느리들 유연, 수영. 그 덕에 이렇게 잘 살아왔음은 이 글 속에 담겨진 내용들이 증거가 될 게다.

내 삶에 용기를 주신 많은 분들께 감사드리며, 이 책에 실린 글들로 내 삶을 변명하고 싶다.

오래 살아주셔서 효도할 기회를 주시는 친정아버지께도 감사드리고 싶다.

2017년 8월

박정란

2부 술잔 속의 터득

3부 가을, 그리고 내 어머니

4부 해피 베이비 파이팅!

1부

내 남자의 사랑법

참 잘한 일

"텔레비전 아침마당 잘 봤습니다. 멋지게 나왔어요."라는 인사를 요즘 지인들에게서 계속 받는다.

저런…… 부끄럽지만, 매스컴의 위력을 새삼 느끼기도 한다. 30여 분 출연한 걸 그리도 많은 사람들에게 인사를 받다니.

남편은 퇴직을 앞두고 남은 삶을 무얼하고 지낼 생각하다가 6년 전쯤 색소폰을 배우기 시작했다. 늘 부부가 함께하는 걸 좋아하는 남편은 6개월쯤 지나자 재미가 붙어 내게도 함께하길 권했다. 나는 엄두가 안 났지만 남편의 청을 거절할 수 없어 따라 시작했다.

무엇이든 처음 시작할 때는 힘이 들고 '할까? 말까'의 갈등을 느끼기 마련이다. 내가 힘들어 하는 눈치가 보이면 새로 악기를 바꾸어주기도 하고, 학원비를 아까워하면 자기 용돈에서 미리 내주어서 그럭저럭 6개월이 지나고 나니 반주기 틀고 좋아하는 노래를 흉내내며 소리를 낼 수 있음이 신기하고 자신감이 생기기도 했다.

5년 전, 앙상블을 조직해서 함께 즐겼으면 좋겠다고 청을 하는 선생님 한 분이 계셨다. 따라 가보니 손으로 쓴 깨알같은 악보가 눈에 잘 들어오지도 않고, 아직은 초보인 내게는 엄두가 안 나 미루었지만 자연히 남편을 따라 앙상블도 나가기 시작했다. 혼자 하는 연주와는 달리 앙상블의 매력 또한 있었다.

게다가 좋은 사람들과의 만남도 즐거웠기에 매주 일요일 저녁이면 음악학원으로 가는 것을 우선순위로 꼽고 연습을 즐겼다.

연습시간을 거쳐 작은 행사부터 앙상블의 이름을 걸고 연주봉사를 다니기 시작했다. 무대에 선다는 것, 누군가에게 음악을 선사한다는 것들이 모두에게 즐거움으로 다가왔고, 70세가 넘는 실버들도 함께하기에 그분들을 보며 더 용기를 가질 수 있었음이다. 때로는 부부 듀엣 연주로 행사에 참여도 하고, 앙상블 팀이 연주를 가게 되면 사회를 보기도 했다. 중간에 앙상블팀 쉴 시간을 이용해 시낭송을 하기도 한다.

얼마 전, 방송국에서 아침마당 섭외가 들어왔다. 퇴직을 앞 둔 남편이 음악활동을 준비한 것에 대해 너무나 바람직한 모습이라면서 앙상블 팀들과의 출연요청이었다. 우리 부부는 토크까지 해야 한대서 부끄러움에 별로 달갑지 않았지만 남편과 함께 출연하는 프로그램이니 거절할 입장도 아니었다. 그런데 30여분의 생방송 출연으로 그 많은 사람들에게 인사를 받다니…

전날 밤, 리허설로 새벽부터 출동하는 어려움이 따랐어도 출연한 많은 회원들 또한 기꺼이 즐기는 마음으로 함께 해주었기에 보람으로 다가왔다. 끝으로 회원들과의 앙상블 연주도 두 곡이나 있었으니 보는 이들이 대단하다고 평을 해주었을 게다.

텔레비전으로 비춰진 우리들의 모습에 많은 분들은 부럽다는 표현을 했다. 참 좋아보였다고. 그래 생각해보니 악기를 시작한 일이 참 잘한 일 같았다. 그동안 공식적인 행사자리도 여러 번 나가 연주했고 큰 발표회도 세 번이나 했다. 남편이 단장이어서 함께 작은 어려움들을 극복하고 있지만 그보다는 보람이 더 크게 다가오니 잘 한 일이다.

남편은 요즘 연구실을 비우느라 한보따리씩 책을 나르고 있다. 어느 새 이리 머리 하얀 할아버지가 됐을까? 머릿속이 훤히 보이도록 꺼벙해진 머리를 보며 함께 늙어가고 있음을 실감하게 된다. 이제껏 아이들 뒷바라지, 가족들 먹여 살리느라 고생했다면, 이제는 제2의 인생으로 하고 싶은 일, 하며 지내도록 뒷바라지를 더 해줘야 할까보다.

평생교육원에 재능기부로 테니스와 색소폰 초보 지도자로 등록을 했다는 남편을 보며 이제 쉬면서 여행이나 하지 싶었지만, 매사에 열정을 갖고 살아가는 남편을 보며 이 남자와 결혼한 것도 참 잘한 일이구나 생각해본다.

내게 참 고마운 남편이다. 문정희 시인의 싯귀처럼 나와 가장 전쟁을 많이 한 남자이기도 하지만, 내 밥을 가장 많이 먹는 남자이고 내가 가장 사랑하는 아이들과 가장 가까운 남자. 만나길 참 잘 한 남자이다. 늘 사양을 해도 차가 낡으면 새 차로 바꾸어주며 부족한 아내를 옆에서 응원해주는 남자. 그래서 내가 이만큼 잘 살도록 보듬어준 남자. 만나길 참 잘한 고마운 사람이다.

응급실로 실려 가는 차 안에서

잠을 자다 깨었는데 머리위에 커다란 낙지 한 마리가 앉아 나를 조이는 듯 무겁고 답답증이 느껴졌다. 욕실로 가서 거울을 보니 이마와 얼굴이 퉁퉁 부어있어 주름이 하나도 보이지 않을 정도였다. 밤 사이 이게 웬일일까? 문득 겁이 났다. 얼마 전 갑자기 사망한 K선생님 생각도 났다.

자는 남편을 깨웠다.

"아무래도 나 응급실 가봐야 할 것 같네요."

후다닥 일어나 옷을 입고 서두르는 남편의 차를 타고 응급실로 향했다. 가는 차 안에서 머리의 욱신거림이 더한 듯 느껴지자 불안했다. 만약 내가 큰 병으로 이대로 죽는다면? 어쩜 그럴 수도 있겠다는 생각이 들어 의식이 있을 때 하고 싶은 말은 해둬야 한다는 생각에 나름 정리해가며 이야기를 시작했다.

"내가 중학교 동창회 총무를 맡아 그 돈이 100만원 정도 남아 있을 꺼에요. 노트 보고 그거 동창들에게 전해줘야 하고요. 우리 음악실 돈도 내 통장에 있고, 근데 정리가 덜 됐는데. 그리고, 월곡리 땅은 작은애 주고요, 당신은 연금 갖고 살 수 있을 테니 큰애 꿔준 돈은 받지 마시구랴,"

이야기를 이어가는데 남편은 겁도 안 나는지 나를 웃기고 있다.

"억울해서 어찌 죽어. 모아놓은 돈 좀 쓰고 죽어야지. 당신 죽으면 나 새장가 갈 껀데"

"가는 건 좋은데 착한 여자 얻어야지. 당신 낚시 다니고 그런 거 좋아할 여자 별로 없을꺼야.~~ 잘 봐서 가"

애들도 모두 짝을 지어줘서인지 걱정이 안 되는데 남편이 여자를 잘 만나야 편할 텐데 그게 좀 걱정이고, 또 다른 것은 구석구석 아깝다고 버리지 못하고 넣어놓은 물건들이 걱정이었다.

만만한 게 큰언니랑 막내 동생인데 버리면서 어지간히 두런거리고 욕하겠다 싶었다. 그제서야 내가 얼마나 산다고 그리 욕심부리고 안 버렸나 싶었다. 맹자 공부하던 책이며 쓰던 노트, 영어공부 하다만 책들, 버리지 않고 두었던 원고뭉치들~~~

그런저런 생각을 하며 응급실에 도착했다. 의사가 부은 곳과 머리를 살피더니 벌레물린 적 있나 묻는다. 그러고 보니 전 날 아침에 밭에 다녀오다 머리가 몹시 가려워 운전하고 오면서 긁었던 생각이 났다. 그리고는 정신없이 낮 공연이 있어 색소폰 연주하고, 오후에 기운이 없는 상태에서 폐렴 예방접종을 했었다.

벌레물린 곳을 찾아낸 의사는 벌레알러지 때문이라며 해독제 주사를 두어 시간 맞게 한 후 약을 지어줘서 집으로 돌아올 수 있었다. 한 이틀 쉬면서 다시 몸은 회복되었는데 그때 생각에는 언제 어찌될지 모르니 간단하게 살자. 필요 없는 것은 다 버리리라 생각했었는데 아직 하나도 버리지 못하고 산다.

무소유. 필요 없는 것은 갖고 살지 말아야 할 텐데 나는 왜 욕심을 버리지 못하는 걸까. 오늘 나의 반성이다.

무소유

여보! 오늘도 가야지?

이른 새벽, 둘 중 먼저 눈뜨는 사람이 옆지기를 깨운다. 썬크림을 바른 후, 모자를 눌러쓰고 작업복에 집을 나선다. 차창 밖 아침공기는 싱그럽기 그지없다. 이런 맛을 한동안 모르고 살았구나 싶지만, 매일 이렇게 이른 아침 밭으로 가는 길이 그리 늘 즐겁기만 한 것도 아니다.

전원주택을 꿈꾸던 20여 년 전, 작은 밭 하나를 사놨었는데 돌밭인데다가 뒷산에 있던 대나무가 자꾸만 점령을 해왔다. 몇 해 대추나무도 심어보고 드나들다 대나무와 칡, 그리고 풀에 지친 나머지 손을 들고 여러 해 방치했었는데 남편의 퇴직이 일년 앞으로 다가오니 소일꺼리를 만들자는 의견으로 여러 날 작업을 시작했다. 포크레인으로 대나무를 캐내고 위 아래 텀을 만들어 전망좋은 위에는 작은 농막을 하나 짓고, 아래에는 조금씩 밭을 일구기 시작했다.

그동안 방치했던 땅이고 대나무를 캐낸 속살이라 메마르기 그지없는 땅. 꽃을 심어보려 해도 걱정스럽기만 했다. 퇴비와 비료를 섞어가며 화초를 조금씩 구해다 심고, 아로니아와 블루베리를 몇 그루씩 사다 심었다.

제일 일찍 피기 시작하는 수선화, 그리고 보랏빛 꽃잔디를 심어 꽃을 보았다. 가까운 지인들께서 기꺼이 화초를 나누어주어 조금씩 구색이 갖춰져 갔다. 마침 영산홍을 여러 그루 얻을 수 있는 기회가 있어 내가 좋아하는 색상의 꽃은 아니었지만 감사하게 받아 심어 꽃을 감상하기도 했다. 너른 밭과 농막 주변이 쓸쓸해서 그저 무엇이던 좋았다.

장날 시장에 나가 감나무도 몇 그루 사고, 대추나무도 샀다. 그리고 겹복숭아꽃이 얼마나 예쁜지 그도 한 그루 사서 심고 꽃을 보았다. 꽃이 활짝 피어 있는 채로 팔려온 놈이었지만 몸살도 안 하고 꽃이 피고 잎이 자라 잘 커주니 고맙기 그지없다.

강경에 사는 언니 집에도 가서 차 안에 가득 여러 종류의 꽃들을 싣고 와서 두서없이 이름도 모른 채 빈틈에 심어놓았다. 차츰 생기를 갖고 커가며 꽃봉오리들을 터트리니 그제야 백합, 나리꽃, 접시꽃, 알 만한 꽃들이 피기 시작해 즐거움을 선사했다.

그러나, '힘들게 하지 말고 즐기며 하자'고 남편과 이야기하며 시작했던 것과는 달리 즐기는 시간보다는 노동의 시간이 점점 늘어만 갔다. 한낮에는 뜨겁고 더워서 일을 못하니 이른 새벽에 나가 식물들을 돌봐야 한다. 풀도 뽑고 밭에 돌도 골라내어야 뭐든 심고, 농작물이 자라도록 밭이 만들어지는 것이다.

고랑을 만들어 두둑에 심어야 할 고추나 오이, 가지를

심기도 하고, 나란히 옥수수를 심어 반그늘을 만든 다음 그 앞에 토마토를 심기도 한다. 옆 농사짓는 분들께 여쭈어도 보고 그동안 주어 들었던 상식으로 실수를 거듭해가며 조금씩 농사초년생의 실습이 시작되었다. 제초제는 사용하지 않으려 풀을 뽑아주고, 고구마 두둑에는 비닐을 씌웠다. 농업기술원에서 EM을 얻어와 농약 대신 사용법도 익혀 사용해 보았지만 수확기가 되니 허탈했다.

고추밭에도 벌레들이 다닥다닥 매달린 고추 수보다 더 많이 달라붙어 있고, 익을 만큼 자라면 구멍을 뚫고 들어가 있는 것이다. 가지 또한 판매하는 가지들은 윤기가 나고 늘씬하게 자라는데 우리 농장의 것들은 상품가치가 없이 오그라들기도 하고 겉은 군데군데 벌레 자국과 함께 퇴색되어 다듬어야만 먹을 수가 있었다.

옥수수 또한 좋은 씨앗을 주시는 분이 '꽃피었을 때 약을 한 번 하셔야 됩니다.'라고 했는데 '좀 덜 먹더라도 애기들도 먹여야는데 어떻게 약을 하지?'하는 생각에 벌레가 싫어한다는 계피를 끓여 그 물에 EM을 섞어 분무기로 주기도 하고, 짬짬이 벌레를 잡아주기도 하며 길러봤지만 막상 옥수수가 익어 따보니 너무나 허망했다. 옥수수마다 벌레들이 자리 잡고 있어서 지인들과 나누어 먹으려고 좀 많이 심었는데도 맛은 좋으나 상품가치가 없으니 선물을 할 수가 없었다.

시골에 다니는 일을 즐기자던 남편도 이제는 곧잘 힘들어 한다. 나이가 있으니 체력이 좋은 남편도 힘이 드는 건 매한가지다. 모기는 왜 그리 많은지. 긴 옷에 퇴치용 스프레이를 열심히 뿌려도 잠시 뿐, 엉덩이부터 등으로, 옷 위로도 물어대고 얼굴까지 싸매도 숨 쉴 구멍 남긴 콧등을 물기도 하니 이거 할 짓이 아니잖은가? 하여 갈등을 느낀다. 어느 날은 서로 피곤해서 말없이 일을 하고 누가 화를 낼까봐 눈치만 보는 때도 있다. 하지만 공기 맑은 시골에만 오면 행복하다는 남편이다.

그런데, 물것에 워낙 약한 나는 온몸에 난 모기상처에 약을 바르며 '이거 잘못 생각한 것 아닐까?' 법정스님이 말씀하시던 무소유를 다시 생각해 보는 날이다.

빠져들다

나는 요즘 세 가지에 빠져들고 있다. 손뜨개와 텔레비전 드라마, 그리고 손자손녀들의 재롱보기다.

낮에 집에 있어도 심심할 틈이 없다. 텔레비전의 많은 채널에서 각종 다양한 프로그램으로 방송을 내보내고 있어 리모콘 하나로 돌려가며 원하는 방송, 놓친 방송까지 언제든지 다시 볼 수도 있으니 말이다.

동창회를 하다가 뜨개를 잘하는 친구를 만나 오랫동안 접었던 뜨개를 다시 시작하게 되었다. 친구의 멋진 작품들을 보니 나도 뜨고 싶은 욕심이 생겼다. 대전까지 가서 뜨개 선생을 하고 있는 친구를 방문해 예쁜 작품들을 사진으로 찍어오기까지 했다.

올여름에는 손쉬운 수세미 뜨개부터 아이들 옷까지 여러 벌을 만들었다. 코를 세어가며 무늬를 만들어 뜨고 입힐 아기를 생각하며 옷이 되어가는 과정이 그렇게 즐거울 수가 없다.

자연스레 오랜 시간 뜨개를 하다 보니 텔레비전을 틀어놓고 볼 만한 프로나 드라마 대사를 들으며 뜬다. 그동안 앉아서 텔레비전만 볼 때에는 시간이 아깝다는 생각을 종종 했는데 드라마를 보면서 마늘을 깐다든지, 다림질을 하거나 뜨개를 해 두 가지 일을 하게 되면 시간이 아깝다는 생각을 안 하게 된다.

보던 드라마 내용의 전개가 궁금해서 또 봐지고, 보면서 뜨개를 한 덕에 수세미를 많이 떠서 가까운 지인들에게 나누어 주기도 했다. 가는 면실로는 아기들 여름옷을 떠주었더니 며느리들의 기뻐하는 모습에 밤늦도록 뜨개질을 하다 더러는 남편에게 한마디 듣기도 했다. 여름이 가기 전에 빨리 완성해서 입히고 싶은 욕심에서 외출도 삼가고, 잠도 안 자며 뜨고 싶었던 것이다.

무엇에 빠진다는 것이 이런 걸 게다. 가끔만 봐도 뻔한 내용들의 드라마를 보면서도 시간만 되면 텔레비전 채널을 돌리게 되고 손가락에 무리가 와서 뜨개를 오래하면 안 되지……하는 생각을 하면서도 자꾸만 뜨게 되는 것.

하지만 드라마를 보면서도 배우는 게 많다. 젊은 날 해보지 못한 멋진 연애를 보면서 대리만족에 행복해 하기도 하고, 멋진 시어머니 역할을 보면서 좀 배우기도 하고, 못된 시어머니를 보면 그리하면 안 되겠구나…… 하는 생각에 나는 어떤 시에미일까? 되돌아보게도 된다.

요즘 대부분 드라마의 배경들이 얼마나 멋진지…… 아름다운 집들을 영상으로나마 구경도 많이 하게 되고 상류층들의 삶을 엿보게도 되니까 좋다.

그런데…… 요즈음 주말이면 좀 걱정되는 게 있다.

주말마다 며느리들과 만나면 며느리들이 스트레스를 받아 안 된다는데 어쩌다 보니 우리 가족들은 거의 주말마다 만나게 된다. 누구 생일이라 만나고, 제사라 만나고, 어디 다녀오는 길에 대전을 지나가게 되니 만나고.

그리고, 손자, 손녀가 보고 싶어 못견뎌하는 할아버지 때문에 더 그러하다. 난, 그래도 자제가 되는데 남편은 주말만 되면

"애들 뭐하나? 연락 없었소? 고것들 눈앞에 왔다갔다 보고 싶네."하고 서성이며 소식을 기다린다.

그 기다리는 마음을 아이들이 헤아려 종종 스마트폰으로 영상통화를 걸어오기도 하고 주말이면 이유를 만들어 만나주니 한편 고맙기도 하지만 은근히 걱정이 된다. 며느리들이 불편해하지 않을까? 싶어서다. 하지만, 만나기만 하면 반가우니 어쩌랴. 아기들 재롱이 늘어가는 것을 자꾸만 보고 싶은 손주사랑에 빠져있는 하부, 할미다.

"이번 주는 내가 만나자고 한 거 아니다. 너희들이 먼저 만나자고 한 거야."

"네 어머니. ㅎㅎ 주말마다 안 뵈면 이상해요. 꼭 뵈어야 할 일을 다 한 것 같아요."라는 착한 며느리의 말에 이젠 정말 가족이 되어가는 것 같아 흐뭇하기도 하다.

할머니가 뜬 옷을 입은 손녀딸과 손자가 나란히 사진을 찍어 스마트폰의 가족밴드에 올려지고 카톡에도 올려져

있어 아무 때고 볼 수 있으니 참 좋은 세상이다.

"어머니께서 떠준 옷을 입혀 아기를 마트 갈 때 데리고 갔더니 예쁘다고 다들 누구 솜씨냐고 물어봐요. 어머니 고맙습니다. 민정이도 예쁜 걸 아는지 이 옷을 참 좋아해요."

며느리의 이 한 마디에 나는 다시 겨울털실을 사러 나가게 될 게다. 그리고 그 덕에 또 한 편의 드라마에 빠져들 것이다.

면실로 떠 준 애기들 인형

88년의 여름

지금도 삐용삐용 – 앵앵 앰블런스가 요란스레 지나는 것을 보면 그 88년도의 잊고 싶었던 아픈 기억이 떠오른다.

88년 8월 16일 오후, 아이들에게 간식을 먹이고 있는데 전화가 왔다.

"여기 보령 종합병원입니다. ○○○씨께서 교통사고를 크게 당하셨으니 빨리 와주셔야겠습니다."

"얼마나 많이 다쳤나요? 사고 난 사람은 모두 몇 명이

나 되구요?"

"큰 사고입니다. 다섯쯤 되는 것 같은데 죽은 사람도 있습니다."

귀를 의심했지만 남편이 출장 간 것도 사실이고, 남편 이름을 똑바로 대지 않는가. 떨리는 가슴을 간신히 진정시키며 옆집 친구에게 아이들을 부탁하고 택시를 잡아탔다. 순간 사고면 뒤처리가 따를 텐데 싶은 생각이 들어 평소 친하게 지내던 낚시 집 아저씨를 생각해 냈고 가는 길에 그 분을 모시고 함께 달렸다.

달리는 차 안에서 '하나님! 부처님! 살려주세요. 그이를 꼭 좀 살려주세요.'를 부르짖었다. 만약에 그이가 죽는다면 나는 아이들과 병환중인 어머니와 어찌 살아. 더군다나 종합보험도 안 들었을 터인데 그 다친 사람들 치료비며 죽은 사람도 있다니 보상은 또 어떻게 해야 하나? 앞이 캄캄했다.

나중에 남편에게도 미안해서 고백을 못한 이야기가 있다. 결국 인간은 모두 자기중심적인 것일까? 만약 남편이 세상을 뜬다면 '그이 불쌍해서 어찌하나'가 아니라

'나 어떻게 살아'가 먼저 떠올랐으니 얼마나 미안한 생각이었나.

그러면서 그 다음 생각이 '여보! 죽지마. 내가 정정할 말이 있어' 였다.

몇 년 전, 테니스 샵을 할 때였다. 서른 살의 젊은 나이에 갑자기 혼자 된 여성 테니스 회원이 전화를 걸어 왔었다. "형님! 나 어떻게 살아요."

하며 흐느끼는 그녀에게

"힘내. 아이들이 있잖아. 아이들 잘 키워야지…"

라는 말로 위로하고 난 뒤 전화를 끊고는

"재혼해야지, 혼자 어떻게 살아. 젊은 나이에"

했더니 옆에 있던 남편이 화를 버럭 내며

"나 죽으면 당신도 재혼할거야?"

라며 나를 다그쳤다.

"그럼, 해야죠. 억울하면 죽지 않으면 될 거 아녀요. 난 당신 일찍 죽으면 발 시려워서도 혼자 못자니까 재혼할꺼유. 그러니까 억울하면 꼭 오래 사슈."

하고 농담으로 주고받던 그 이야기가 순간 가슴 미어지

듯 떠올랐다.

그때 내가 왜 듣기 좋게 이야기 못해주고 그렇게 약을 올렸을까. 후회에 발을 동동 구르고 싶었다.

'여보. 그때 그 말 진심이 아니었어. 제발 죽지마. 그냥 가면 안돼' 마음속으로 부르짖으며 병원에 도착하니 응급실 앞에서 그이의 신음소리 섞인 목소리가 들렸다.

"물 좀 주세요. 물 좀 주세요…"라는 그이의 목소리가.

"아 하나님 감사합니다. 그이가 살았군요."

함께 간 아저씨께서 응급실로 나를 못 들어가게 한사코 막으며 먼저 들어가셨다. 피로 범벅이 된 그를 보면 내가 기절할까봐 막은 것이었다. 빨리 큰 병원으로 옮기겠다니까 가다가 사망할 것을 각오하고 떠나라는 병원 측의 이야기였다.

뒤따라 많은 친지, 친구들이 소식을 듣고 사방에서 대천으로 몰려왔다.

가다가 혹 죽을 수도 있지만 이 정도의 부상은 큰 병원으로 옮겨야 살릴 수 있다며 주위 분들과 함께 결론짓고, 온몸이 피투성이고 산소호흡기를 댄 그를 앰블런스에 신고 대전 충남대학병원으로 달렸다. 어른들은 가다가 그이가 숨을 거둘까봐 나를 앰블런스에 안 태우려 했고 나는 그의 마지막 길이면 지켜줘야 할 것 같아 고집을 부리고 함께 탔다.

대천에서 대전까지가 왜 그리도 멀기만 한 걸까? 한참 간 듯해서 여기가 어디쯤이냐고 물어보면 병원과는 아직도 먼 거리여서 가는 동안 불안한 마음을 추스르기가 너무나 힘들고 길고 긴 시간이었다.

자기도 마지막일지 모른다는 생각이 들어서였을까? 평소 들어보지도 못했던 '여보 사랑해'를 가끔씩 정신이 들 때마다 하고는 했다.

대천병원에서 CT촬영 결과 뇌에 이상은 없다고 하였으나 대전 병원에 도착하니 동공이 움직이지 않아 다시 CT 촬영을 해야 했다. 내장쪽에서 호스를 통해 출혈된 피가 자꾸 흐르니 장 파열이 된 줄 알고 의료진들도 무척이나 걱정했는데 다행히 출혈은 멈췄고 장파열은 아닌 듯하다는 진단이 나와 일단은 안심을 하기도 하였다.

동공이 움직이지 않는 것도 눈을 다쳐서이지 뇌를 다친

것은 아니었다. 늑골이 4개나 부러져 움직일 때마다 얼마나 많이 아파하는지 모른다. 산소호흡기를 빼내지 못하게 하고 움직이지 못하게 하기 위해 중환자실 침대에 팔 다리를 모두 묶어 놓은 그의 얼굴은 얼마나 뚱뚱 부어올랐는지 면회를 온 사람들이 몰라볼 정도였다.

얼굴의 양쪽 뼈가 부러지고 턱이 다 빠져있었다. 그러면서 입안에 난 상처에서 위로 흘러 들어간 피가 링겔병으로 가득했으니 장 파열로 처음엔 오인할 수밖에 없었다.

그는 시 체육회 일로 시청 직원 한 명과 함께 회의 참석을 하고 돌아오는 길에 추월하려고 달려든 택시에 받쳐 사고가 난 것이었다. 100% 그쪽 과실이었으나 우리 차에서 동승자가 사망했다는 소식은 내 남편만 살아났다고 기뻐하기에는 너무나 죄송스러운 일이었다. 더구나 그 직원의 아내는 나와 가깝게 지내는 고등학교 동창생이었다.

그들 부부는 결혼도 우리보다 늦게 해 아이들도 더 어렸고 착한 사람들임을 잘 아는지라 그 소식에 나는 더 발을 동동 굴러야 했다. 차가 부숴진 쪽은 오히려 남편이 타고 있던 운전석이었고 조수석에 탄 그는 크게 다친 곳은 없었으나 뇌를 부딪혀 즉석에서 사망한 것이었다.

남편은 그처럼 여러 곳을 다쳤지만 중요한 내장이나 뇌 쪽은 다행스레 괜찮아 중환자실에서 며칠 지내고 병실로 옮길 수 있었다. 그 뒤부터 나의 할 일이 너무나 많아졌다. 소, 대변 시중에서부터 검사실로, 엑스레이실로 늑골이 부러지고 다리 한 쪽은 깁스를 한 상태라 움직이지 못하는 덩치 큰 그를 큰 침대째 밀고 다니기란 너무나 힘겨웠다.

얼굴도 양쪽 다 수술해서 안으로 철판을 대었고 입안도 모두 움직이지 못하도록 철사로 아래 위 이를 모두 묶어 놓았다. 주사로 영양공급을 하고 있으나 그 덩치 큰 사람이 얼마나 배가 고플까? 조금 벌어진 이 틈새로 간신히 물 종류만 넘길 수 있으니 뭘 먹여도 뒤돌아서면 또 배가 고프다 했다.

40여 일 동안이나 국물만 먹어야 하는 그와 내가 함께 한 고생이라니… 한 컵의 쥬스를 만들기 위해 사과를 두 알씩 하루면 몇 차례 강판에 갈아서 거즈로 걸러야 했고,

가족들이 날라 오는 곰국이나 미음 등 그가 먹어야 할 모든 음식은 두 번 세 번 거즈로 걸러 국물만 먹이며 잇새에 끼지 않도록 조심해야 했다.

남편은 낮이나 밤이나 틈틈히 잤지만, 나는 많은 분들의 병문안을 받아야 했기에 잠이 늘 모자랐다. 먼 곳까지 와주시는 많은 분들께 고맙고 죄송스럽기도 했지만 지쳐있던 나는 그만 좀 와주었으면 싶은 간절한 생각이 종종 들었다. 오죽했으면 그 이후로 누가 입원했대도 되도록 병문안을 자제했다. 많이 좋아지거나 퇴원하면 인사를 하는 것이 더 나은 것 같아서다.

좀 지나 늑골이 붙어 통증이 덜하니 밤만 되면 잠 못 들고 산책을 나가자고 재촉한다. 그를 휠체어에 옮겨서 입원실에서 아래층까지 밀고 다니기란 바퀴가 있어도 무척 힘들었다. 처음에는 그저 살려주신 하나님께 감사하기만 해서 힘들어도 잘 견디었으나 나중에는 그가 안 보는 잔디밭에 나가서 혼자 실컷 울고 온 적도 있었다.

많은 주위 분들의 염려 덕택에 회복은 빠르게 진전되었고 몇 개월 후부터는 다시 정상 근무를 할 수 있었다. 시력 회복만은 불가능해 안경을 써야했지만 그만한 것에 대해 얼마나 감사한지. 처음 입원했을 때의 그를 봤던 사람들은 퇴원한 모습을 보며 모두들 신기해 했다. 그도 그럴 것이 죽었다고 소문이 날 정도였으니.

그렇게 힘든 시련을 겪은 탓일까? 남은 인생은 덤으로 살고 있다는 감사한 마음을 우리는 늘 갖고 산다. 마누라 재혼할까봐 억울해서 못 죽었다는 그이에게 억울하면 죽지 말라고. 당신 죽으면 난 재혼할 꺼라는 말은 지금도 한다. 그래야 앞으로도 더 오래 살 것 같아서이다.

그때를 생각하면 좀 화가 날 때도 쉽게 마음을 바꿀 수 있다. 언제 이별을 할 지 모르는 일이라는 생각에 그가 출근할 때에는 늘 웃는 얼굴로 보낸다. 요즘도 바쁘게 열심히 살고 있는 그를 바라보면 88년도의 여름이 꿈인 양 싶다.

내 삶과 라디오

방송국으로 향하는 길은 늘 새롭고 향기롭다. 달리는 길 앞에 펼쳐지는 금강과 산천의 모습들이 매일 다르게 다가오고 오늘은 어떤 방송멘트가 어울릴까를 생각하면 행복하기 때문이다. 계절에 따라 금강에서는 물안개가 피어오르기도 하고 햇살좋은 날은 반사되는 은물결이 너무나 아름답다. 때문에 방송 녹음을 위해 준비했던 오프닝 멘트를 곧잘 바꾸고는 한다.

행복한 마음으로 금강 변을 달리며 방송을 한 지 벌써

10년. 미소가 떠오른다. 50이 넘은 늦은 나이, 막내아들 대학졸업반일 때 나도 이제 엄마노릇을 거의 했으니 젊어서 못다닌 대학을 다녀야겠다고 대학에 진학을 했다. 문창과를 가려 했으나, 그 과는 취업이 잘 안 되니 방송아나운서과로 바뀌어져 입시생을 받고 있었기에 생각지도 않게 방송아나운서과에 입학을 하게 된 것이다.

처음에는 내게 필요한 글 쓰는데 도움이 될 과목들만 열심히 듣겠다는 생각이었으나, 각 과목들마다 흥미진진했다. 아나운싱, 더빙, 나레이션 등 열심히 젊은이들 곁에서 공부하며 이 다음 실버타운에 가서 방송을 하면 될 것 같다는 반농담의 말을 주변 사람들에게 했었는데 졸업을 앞두고 금강FM방송에 음악프로그램을 진행해보지 않겠냐는 교수님의 권유를 받게 되었다. 지역방송이니 서툴러도 괜찮다고 적극 추천하는 바람에 용기를 갖고 중년의 아줌마가 겁도 없이 방송을 시작하게 된 것이다.

이 나이에 방송을 해서 내 목소리가 전파를 타고 다닌다니… 부끄럽기 그지없었으나 한편 자랑스럽기도 했다.

열심히 멘트를 쓰고, 음악을 고르고 내 방송을 모니터하느라 듣고 또 듣고, 덕택에 많은 노래를 들으며 행복한 생활이 시작되었다.

하나 둘 애청자가 늘어나 그들과 마음을 나누는 것 또한 즐거웠다. 그 중 마음 아픈 한 분이 생각난다. 부모님 모시는 일로 동서간에 마음이 많이 불편한 주부였는데 우리 방송을 열심히 듣고 속상한 이야기들을 곧잘 홈페이지에 올려 위로받고는 했었다.

그렇게 한 2년이 지났을까? 매주 그분은 소식을 올리는 분이었는데 갑자기 소식이 끊겼다. 어쩐 일일까? 궁금하여 전화를 걸어봤더니 갑자기 몸에 이상이 생겨 병원을 가게 되었는데 암 진단이 나왔다는 것이다. 그 뒤로 위로차 만나 식사도 함께 했었는데 얼마간 투병생활을 하다 끝내 못 견디고 세상을 떠나야만 했다. 그 후 따님에게 투병생활 중에도 어머니가 방송을 통해 많이 위로를 받았고, 병상에서도 우리 방송을 종종 들었다며 고맙다는 긴 편지를 받기도 했다.

하루는 택시를 이용할 일이 있었는데 내 목소리가 라디오에서 나오는 게 아닌가.

“기사님! 이 방송 제가 진행하는거에요. 앞으로도 계속 잘 들어주세요.”

라고 하니 뒤돌아보시며

“아이구, 그래요. 오늘 귀한 분을 모셨네요. 늘 잘 듣고 있어요.”

하며 웃는 게 아닌가. 잠시 우쭐해지기도 했다.

단골 애청자 중에 한 분은 70을 훌쩍 넘긴 분이다. 수예점을 오래 경영하셨던 분인데 꽃을 사랑하고 요리도 좋아하고 못하는 게 없는 팔방미인 할머니다.

“나랑 잘 아는 동생이 하는 방송이야. 참 잘하지… 다들 들어. 우리들이 좋아하는 노래들만 나오는 방송이야.”

라고 친구들만 오면 들으라고 컴퓨터를 켜서 다시 듣기로 들려주시는 멋있는 애청자. 좋은 일 한다고 불러 맛있는 밥도 해주신 멋진 분이다. 그 연세에도 컴퓨터에 접속해 홈페이지에 종종 글을 올리고 음악을 청해주시니 감사하고 늘 반갑다.

방송을 하면서 좋은 일들이 많이 생겼다. 그동안 썼던 글로 수필 신인상도 받아 등단을 했고, 충남문학상 신인상을 받기도 했으며, 금강여성문학동인 회장과 한국문인협회 공주지부 지부장을 지내기도 했다. 80여명의 회원들이 있는 문인협회의 회장이란 직책, 그것도 여성 최초의 회장이니 내게는 큰 영광이고 기쁨이다.

또한 방송 원고에 매번 좋은 시 한 편을 올려 낭독한 경험으로 2년 전, 백제시낭송가 대회에서 최우수상을 수여해 낭송가 인증서도 받았다. 하여, 공주시의 큰 행사에 곧잘 초대되어 행사시를 낭독하거나 시낭송을 하기도 했다. KTX역 개통식, 공산성과 송산리 고분군 유네스코 등재 기원 달리기 대회, 유네스코 등재 기념식 등 큰 행사에 시 낭독을 했으니 많은 칭송을 받음과 함께 내게는 큰 기쁨이다.

방송이야 틈틈이 원고를 썼다가 일주일에 하루 방송국에 나가 녹음을 하니 별로 부담되지는 않는다. 그 외 시간들은 이주민 여성 한글지도도 하고 요즘은 공주풀꽃문학관에 나가 봉사도 한다. 방문객들이 오면 문학관 안내와 단체 방문객들에게는 나태주 시인의 시를 낭송해 주기도 한다.

요즘은 더욱 바빠졌다. 남편 퇴직 후 함께 놀거리를 만들자며 5년 전부터 배운 색소폰. 이제는 합주 밴드를 결성해 활동을 한다. 인근 영평사 축제나 장승마을 축제에 요청이 와서 한 시간 정도의 연주를 하게 되면 사회는 당연히 내 차지가 된다. 실버 회원들이 많아 한 달에 두세 번 실버타운이나 노인대학 행사에 봉사연주도 다니고, 늘 즐겁고 바쁘게 지낸다.

며칠 전에는 공주 시낭송 발표회가 있었다. 나태주 시인의 「빈손의 노래」를 낭송했다. 이 나이에 긴 시를 외우기란 힘이 들지만 아마도 치매는 오지 않을 거야… 라고 웃으며 시를 외운다. 발표회에 오신 분들에게 감동을 받았다는 칭송을 받으니 그 또한 고맙고 감사하다.

이렇게 활동할 수 있는 이만큼의 건강도 감사하고, 이

제는 아들 둘도 결혼시켜 지금은 예쁜 손주가 넷이나 되었으니 감사할 일이 너무 많다.

"내 목소리 할머니 소리라 듣기 싫지 않나요? 이제 그만 둬야 되겠잖아?"
라며 방송국 여직원들에게 물어보면
"전혀 안 그래요. 걱정 말고 오래 해주세요."
라는 답에 나는 또 웃으며 방송국을 나온다.

오는 길 양희은 씨의 목소리가 라디오에서 들린다. 아! 그녀는 나랑 동갑인데. 아직 목소리 듣기 괜찮잖아. 나도 좀 더 해도 되겠지? 할머니 방송인은 오늘도 스스로 위로하며 푸른 하늘을 우러른다.

이 다음 실버타운에 가서도 내가 방송을 하게 될까? 생각에 머물면 입가에 미소가 가득하다.

초보 할머니의 행복

이른 새벽, 라이트를 비치며 아파트 주차장을 빠져 나간다. 밤에 소낙비가 한줄금 내렸는지 아스팔트 길이 촉촉하다. 집을 나서기 전까지는 밖에 비가 왔었는지도 전혀 모른 채 출발을 하고는 한다.

시내를 벗어나 대전 큰아들 집으로 향한다. 낮에는 한 시간 가야 할 거리지만 새벽길을 달리면 45분이면 간다. 아이들한테는 "100은 절대 넘지 마라. 빨리 달리지 마. 위험해" 잔소리를 해대면서 막상 운전대를 잡으면 나는 종종 120까지도 달리곤 한다. 이건 남편한테는 비밀이다. 내 작은 차로 그리 달리는 걸 알면 아마도 차를 빼앗길지도 모른다. 그러나 아침이면 되도록 빨리 가서 아이들 도와주어야 한다는 생각에 달리게 된다. 비가 와도 지하 주차장에서 출발을 해 아들의 집 지하주차장으로 들어가니 우산을 받지 않아도 되고 참 좋은 세상이다.

지난 3월, 초등학교 선생인 며느리가 복직을 하고 싶은데 아기를 놀이방에 보내기가 좀 이른 듯하다고 고민을 하고 있었다. 두 돌이 채 안 되었을 때였다. 매일은 힘들지만 일주일에 두 세 번은 내가 아이를 돌봐줄 수 있다고 했더니 고마워하며 육아를 맡겼다. 사흘은 대전에 사시는 사부인께 맡기고 이틀만 부탁을 하니 즐거운 마음으로 한 학기를 다녔다.

처음에는 손자 녀석이 내가 제 집으로 들어서면 엄마를 떨어지기 섭섭해 하며 징징거리더니 차츰 나와 친해져 점점 출근하는 제 엄마, 아빠에게 빠이빠이와 뽀뽀로 제법 멋진 인사를 한다.

제 엄마 아빠가 출근을 하면 저와 나 둘 뿐이니 말도 잘 듣고 놀면서도 곧잘 '도와주세요'라며 예쁜 말로 도움을 요청하고는 한다. 제 어미가 어찌 교육을 잘 시켰는지 설명을 차근차근 해주면 곧잘 알아들으며 해야 할 것과 하면 안 되는 것들을 아기답지 않게 이해를 곧잘 한다.

처음에는 '함미' '하비' 부르던 칭호가 '함머니'라고 제법 말씨를 갖춰간다. 오랫동안 잊고 살았던 이유식도 만들어 보고 며늘애가 뭘 먹이나 살펴가며 동화책도 읽어주고 블럭도 함께 쌓으며 하루를 보낸다.

품빠이야기 동화책을 읽어주다 보면 할머니 바지에 대고 바람을 넣겠다고 풍선에 바람 넣는 펌프를 갖고 대든다. 결국 할머니 바지에 바람을 넣고 품빠바지를 만들어 나를 웃기기도 하고 때론 같이 춤도 춰가며 심심하지 않도록 계속 이야기하며 놀아주다 오후가 되면 아이보다 내가 더 졸립다. 새벽부터 부지런을 떨었기 때문에 당연하다. 무엇보다 힘든 것은 밥 먹이는 일이다. 손자 녀석이 먹는 것에는 별 관심이 없고 놀이에만 관심이 많기 때문이다. 제 어미는 책에서 공부한대로 식탁예절부터 습관을 들였으면 하지만 제 어미만 출근하고나면 식탁의 좁은 의자에서 벗어나려 난리다. 맘 약한 할미의 약점을 벌써 알고 있다. 다시 작은 상에 밥상이 차려지고 장난감 옆으로 가서 놀이를 하며 밥을 먹이다 보면 할미는 아침부터 지치곤 한다. 내 새끼니까 이렇게 인내로 밥을 먹이지 무려 한 시간 이상이나 남이라면 과연 이렇게 먹여줄까 싶다. 그러니 며느리의 우려를 알만 하다.

두 돌을 넘기며 점점 약아지고 똑똑해지는 손자녀석. 힘들어도 늘 웃을거리를 선사하는 녀석이 있어 힘은 들어도 행복하다. 하루하루 다르게 커간다. 소 대변도 곧잘 가려서 칭찬을 받는다. 무엇이든 제가 하겠다고 우기는 녀석이 제 똥을 변기에 넣고 물을 내리면서도 '안녕! 잘가. 빠이빠이'를 한다. 그러니 어찌 웃지 않고 배기겠는가.

민요를 하시는 외할머니댁에서 일주일에 3일은 생활을 하기 때문에 가끔씩 장구치는 모습을 보고 배워 곧잘 덩더쿵 박자를 맞춰 소고를 치고는 한다. 한국무용 배울 때 했던 동작으로 덩더쿵 춤이라도 춰주면 주의 깊게 보고 따라하는 녀석. 음악성이 있어 보인다고 제 엄마가 장난감 기타를 사주고, 우크랄라와 바이올린을 사줬다. 어쩌다 텔레비전에서 기타 치는 가수들만 보면 눈여겨보더니 곧잘 악기 두드리는 폼이 얼마나 그럴싸한지. 기타와 바이올린 우크랄라 연주하는 모습들을 그 어린 것이 얼마나 주의 깊게 관찰하며 보았는지 완전히 그럴싸한 동작을 악기마다 각각 다르게 흉내내며 연출해 내서 우리를 놀라게 한다.

이제 손자를 어린이집에 보내게 되니 편해졌지만 행복은 줄었다. 틈만 나면 재롱떠는 모습이 눈앞에 아른거려 보고 싶지만 자주 볼 수 없으니 아쉬움이 크다. 그 맘을 헤아리는지 주말이면 아들 며느리가 데리고 놀며 자작곡 연주하는 모습을 촬영해 가족밴드에도 올려놓아 줘서 하루에도 몇번 씩 꺼내보며 남편도 따라 행복해 한다.

'자긴 좋았겠어. 그동안 손자 실컷 봐서.'라며 손자사랑에 목말라 하는 남편. 하지만 가끔씩 맡겨보면 맘과는 달리 한 시간만 함께 놀면 힘들다고 두 손 들고는 한다.

힘은 들어도 일주일에 두 번, 그렇게 나는 초보 할머니가 되어 행복을 누리며 한 학기를 살았다. 이제 둘째들이 생기면 종종 봐달라고 며느리들이 맡겨주지 않을까 하는 기대를 해 본다.

종종 손자와의 행복했던 초보 할머니의 시간들을 들춰 보며 미소 짓는다.

짝사랑

이번 주말에도 두 아들이 다녀갔다. 큰아들은 세 식구 모두 오고 작은아들은 제 처가 감기가 심하게 들었다며 형 차로 손녀딸만 데리고 왔다. 에민 쉬어야 할 것 같아 친정에 데려다 주고 왔다는 작은아들 말에 임신 중에 감기가 왔으니 약도 못 먹고 많이 힘들텐데 참 신통한 생각을 했구나 하는 생각을 하며 부지런히 점심 준비를 해서 먹였다.

우리 아이들은 차로 한 시간도 안 되는 가까운 거리에 살고 있으니 일주일이 멀다하고 종종 만나며 지낸다. 자주 만나 기쁨을 누리면서도 가끔씩 며느리들 눈치가 보이기도 한다. 시댁은 멀리 할수록 좋다는 말도 있는데 우리 며느리들도 스트레스 받으면 어쩌나 싶어서이다. “얘들아! 이번에는 너희들이 만나자고 한 거다.”라는 말로 확인을 시키며 결코 자주 만남이 시부모의 강요가 아님을 강조해보고 한다.

손주들 크는 모습이 보고˙싶어 한 주만 못 만나도 남편은 “이것들 잘 지내나”하며 애들 소식을 궁금해 한다. 그걸 아는 아들들은 못 만나는 주말이면 곧잘 영상통화를 해서 아이들 모습을 보여주지만 그것만으로는 성에 안 차니 남편은 만날 핑계를 만들고 한다.

하지만 만날 때마다 한, 두끼의 식사를 해야 하니 늘 이런저런 생각을 하게 된다. 며느리들도 힘들지 않고 나도 힘들지 않게 대부분 식당을 전전하지만 비싼 돈을 주고도 맛있는 식사를 하기가 어렵다. 잘 아는 식당에 갔을 때는 괜찮지만 아이들이 인터넷으로 찾아보고 가자는 곳에 가보면 마음에 안들 때가 더 많으니.

나가봐야 별 볼일 없는 걸 아는지라 집에서 먹자하면 대부분 아들들이 반대를 하고 나선다.

“며느리들 설거지하기 힘든데 나갑시다, 어머니.”

“야 임마! 기왕이면 어머니 힘드시니 나가자 하면 어디 덧나냐?”

나도 질세라 한마디 거든다. 아이들 결혼한 지 이제 3년이 돼간다. 늘 어려운 게 고부사이라니 금이 안 가도록 잘 하려고 조심하며 산다. 되도록 며느리들에게 정신적, 물질적 부담을 안 주려 노력하며 지냈지만 며느리들 입장에서 시댁에 스트레스 안 받는 사람이 어디 있으랴.

지난 2월 큰 며느리가 조심스레 말을 꺼냈다. 직장에 다시 나가고 싶은데 두 돌이 채 안 된 아기를 놀이방에 맡기기가 염려되어 걱정이란다. 쾌히 자청해서 일주일에 두세 번은 아기를 봐 줄 테니 외할머니께도 부탁드려 보라고 했다. 그래서 한 학기동안 일주일에 이틀을 손자와 지내는 즐거움을 맛볼 수 있었다. 손자와 눈빛 마주하는 기쁨이 아니면 새벽잠 설치며 한 시간씩 운전하고 다니는 것이 힘이 들었으련만 즐거운 마음으로 한 학기를 다닐 수 있었다.

처음에는 내가 가기 전 날에는 새벽녘까지 며느리가 집 치우느라 잠을 설쳤다는 아들 이야기에 제발 서로 편케 살자며 그러지 말라 일렀다. 되도록 며느리 신경 안 쓰게 해주려고 나 먹을 반찬도 갖고 다니고 며느리 힘들지 않게 해주려 노력했다. 하지만 어찌 신경이 안 쓰였겠는가. 아침에 가보면 어느새 일어나 국도 끓여놓고 나름대로 최선을 다 하는 모습이 보였다. 그렇게 한 학기를 지내는 동안 며느리와 꽤나 가까워졌다고 나는 믿었다. 하지만 요즘 유행어처럼 며느리는 딸이 될 수는 없는 건가 보다.

지난 주, 아들에게 전화를 거니 뭘 하는지 안 받았다. 며느리 전화로 다시 걸었다. 한참 만에 아들이 받는다. 욕실에 있었단다. 며느리도 바빴는지는 모르겠지만 전화를 제가 받아서 '어머니! 애비 욕실에 있어요. 좀 있다 전화 드릴게요.'하고 상냥하게 말해줬으면 얼마나 좋았으랴. 그도 오해일지 모르지만 섭섭한 마음이 든다.

시에미가 되고 보니 며느리에게는 뭘 주어도 아깝지 않고, 그저 아들애와 사이좋게만 살아주면 뭐든 이해 못할 것도 없을 것 같이 예쁘기만 하건만, 며느리들은 늘 거리를 갖고 있는 걸까? 며느리를 예뻐하면서 왜 예전에는 발 뒷굼치가 계란 같다고까지 미워하며 흉봤다 했을까? 이해하지 못할 말이라고 생각할 정도인데 며느리 입장은 안 그런가보다.

어느 때는 한 주가 지나도록 연락 없는 애들을 보며 고얀 놈들 '별일 없으셔요?'라며 전화 좀 걸어주면 좀 좋으냐 하고 생각하다보니 나도 아버지께 전화 드린 게 언제지? 싶어 얼른 반성하게 된다. 아버지께서도 내가 바빠서 며칠 못 가뵈면 "별일 없냐?" 전화하셨던 생각이 그제서야 난다. 아버지께서도 지금 내 맘하고 똑같으셨을 게 아닌가. 그 맘 헤아리지 못한 죄가 크다.

아마도 자식에 대한 사랑은 영원한 짝사랑인가 보다.

할머니의 기억

이제는 가족들이 모이면 여기저기 손주들이 부르는 소리에 집안은 활기가 넘친다. 어느새 손자 하나에 손녀가 셋, 모두 넷이 되었다. 만나면 여기저기서 손자, 손녀들이 할미 할애비를 부르며 떠드는 소리가 집안에 가득하다. 고놈들 시중을 들다보면 이리저리 바쁘기 그지없지만 그 시간만큼 행복한 시간도 없다.

지난 추석명절 전 날, 아이들이 들이닥쳤다. 애기들 보따리가 한 짐씩이다. 기저귀에 장난감에 베개까지 싸들고 오는 손자도 있다.

‘함’ ‘함미’ ‘함무’ ‘함무니’ ‘할머니’ 개월 수가 늘어나며 발음들이 조금씩 정확해지기 시작한다. 이래도 저래도 예쁘기는 마찬가지다. 말소리가 정확해질수록 개성 또한 강해지기 시작한다. 옷도 제 맘에 맞는 옷을 입겠다고 고집하고 먹거리도 제가 원하는 것을 달라고 떼를 쓰기 시작한다. 그 변화하는 과정을 지켜보는 일 또한 행복이다.

지난번 큰 손녀딸을 만났을 때 손톱에 봉숭아물들이기를 원했다. 그래서 준비해 둔 봉숭아꽃을 명반 넣고 찧어 준비해 두었다가 제 어미에게 싸매주라 일렀다. 불편할 터인데도 잘 자고나서 예쁜 열손가락을 얼마나 좋아하는지. 아마도 추석 날 외가에 가서 사촌들에게 손가락을 펴보이며 자랑을 했으리라.

눈에 넣어도 안 아플 것 같은 손주들이다. 매주 일주일에 이틀씩 작은아들 집에 가서 아기들을 돌봐주다 온다. 두 손녀딸이 낮에는 놀이방과 유치원에 다니지만 아들 며느리 출근시간이 이르니 새벽에 가서 아이들을 밥 먹여 등원시키고 오후 돌아올 시간에 데려와서 엄마아빠 퇴근

때까지 놀아줘야 한다. 미운 짓을 해도, 예쁜 짓을 해도 다 사랑스럽기만 하다. 건강만 하다면 참 즐겁겠다는 생각이지만 가끔씩 체력이 딸리기도 한다. 그처럼 예쁜 손녀들인데 나는 돌아가신 내 할머니 생각만 하면 이제사 죄송함이 가득 차오른다.

할머니께서는 젊어서부터 건강치 못하셨다 했다. 막내아들이었던 아버지에게 젖을 물릴 때부터 '이걸 두고 가면 어쩌누~' 하며 서러워 하셨다 한다. 그럼에도 내가 스무살 무렵에 돌아가셨으니 오래 사신 편이었다. 편찮으셨던 까닭에 할머니는 일찍 곳간열쇠를 맏며느리에게 물려주셨었다.

살림에 권한이 없어진 할머니는 막내아들집에 뭘 주고 싶어도 며느리의 처분만을 바라야했고 그런 시어머니를 나의 어머니께서는 늘 섭섭해 하셨다.

장조카와 3살 차이였던 아버지는 어려서부터 늘 차별대우를 받으며 커야했고 결혼 후 살림을 나면서도 거의 맨손으로 나오다시피 했다는 이야기를 어머니께서 두고두고 하시는 걸 보면 그만큼 무능했던 할머니에 대해 섭섭함이 크셨던 것 같다.

어릴 적, 방학이면 종종 큰아버지 댁에 가서 지내다 오고는 했었다. '할머니댁 간다'고 안 하고 늘 '큰집 간다'고 했던 것만 봐도 큰어머니의 위세가 당당해서였지 싶다. 자기 손녀딸들에게만 잘해주었던 큰어머니. 우리들도 늘 차별대우를 받는 게 싫어서 가기 싫었지만 어머니는 아팠고 가난하고 좁은 집에 여러 애들을 해 먹이는 게 힘드셨는지 큰집과 외가, 그리고 고모님 댁에까지 번갈아 보내고는 하셔서 어쩔 수 없이 방학 한 달 가까이 가 있고는 했다.

그때 할머니께서 나에게 고작 해 주시는 것은 벽장 한 구석에 숨겨놓았던 곶감 한두 개, 그것도 누가 볼세라 굴뚝 곁 모퉁이에서 주셨는데 주시는 손 검은 엄지손톱 밑이 깔끔치 않아서 받기 싫어하며 재촉에 간신히 받았던 기억이다. 그리고 밥을 먹으려면 보리밥만 먹다 큰댁에 가면 주시는 흰 쌀밥이 얼마나 맛이 있는지. 그 맛을 즐기려 하면 할머니는 얼른 물을 부어놓으셨다. 딴에는 남길까봐 많이 먹으라는 뜻이 있었으련만 물 말은 밥은 어린나이에 너무나 싫었다. 싫다 해도 통하지 않았다. 늘 두어 수저만 뜨면 어느새 물이 부어지고는 했다.

그런 기억밖에 없는 할머니께서 돌아가셨다는 전갈을 받고 시골로 향하는 길, 나는 눈물이 하나도 나오지 않았다. 그저 갈 길로 가신 것처럼 통과의례로만 생각되었었다. 인사 차 동행하던 직장 어르신께서 '어찌된 손녀딸이 울지도 않누?'란 말씀에 민망스러웠던 기억이다. 지금 생각하니 더욱더 민망하기 짝이 없고 할머니께 죄송스러움이 크다.

나는 이 다음 우리 손녀딸들에게 어떤 모습으로 남고 싶은가? 손녀딸들에게 잘 기억되기 위해서라도 남은 삶을 아름다운 기억들을 많이 남길 수 있도록 멋지게 살아가야 할 것 같다. 요즘 애들은 영악해서 이제 서너 살짜리가 립서비스를 한다. '나는 할머니가 참 좋아'라든가 '사랑해요. 할머니', '할머니 보고 싶어요' 떨어져 있을 때도 곧잘 영상전화로 전해오기도 한다.

딸이 없는 나로서는 손녀딸이 얼른 자라기를 바란다. 대화가 통할 수 있는 나이가 되어 서로의 마음을 나누고 음악회나 미술관을 함께 다녀도 보고 백화점을 다니며 서로에게 맞는 옷도 골라주는 나이가 되기를 말이다. 립 서비스가 아닌 진정 할머니와 함께 아름다운 추억을 쌓을 수 있고, 마음을 나눌 수 있기를 소망하며 그러기 위해 좀 더 손녀딸들에게 사랑과 시간과 정성을 나누어 주어야지 싶다.

건빵과 꽃바구니

토요일 오후 한나절, 전화벨 소리에 눈을 떴다. 거실 소파에 앉아 책을 읽다가 깜박 졸고 있었나보다. 베란다에는 보라색 양란 한 그루가 벌써 한 달째 조화처럼 피어서 그도 졸고 있다.

"어머니! 접니다. 현이입니다."

수화기를 타고 온 아들의 한 마디 목소리에 순간 졸음은 십리 밖으로 달아났다.

해군에 입대해 배를 타는 작은 아이는 배가 정박해 있는 주말이면 전화를 한다. 전화상으로는 두 아들의 음성을 구분하기가 힘들어 재차 확인하는 엄마에게 제 이름을 씩씩하게 강조하는 작은 녀석의 전화였다. 군대에서 습관화된 지극히 사무적인 말투다. 훈련소가 경상도 진해여서일까? 억양도 경상도 억양으로 많이 변해 있었다. 다음 주 일요일에 면회 좀 와 주십사 하는 부탁이다. 외국배와 통신을 하는데 제가 뽑혀서 영어 사전이 필요하다고 가지고 와주시란다.

지난 번 첫 휴가 올 때는 건빵을 한 봉지 가져와서 부대내의 유일한 간식이라며 어머니 잡수시라 내놓았다. 이것도 상관들 눈치 보랴, 졸병들은 화장실에 가서 먹는 애들도 있다면서. 아들 있을 땐 그저 한마디라도 더 주고받느라 바빠 못 먹어본 건빵을 그가 가고 다시 허전한 내 생활로 돌아와서야 식당위에 있던 건빵을 뜯었다.

"어머니 잡숴보세요. 먹을 만해요"라던 건빵은 하나를 입에 넣고 씹자마자 방부제 냄새 같은 것이 나서 역겨웠다. 하지만 그 건빵도 아껴먹어야 하는 아들을 생각해 목이 메이는 가운데 넘겨야 했다.

휴가 중 어떤 음식이 먹고 싶냐 하고 물어보니 어머니

가 한 음식이면 무엇이든 다 맛있단다. 그 까탈스러운 녀석이 힘들고 고달픈 군 생활을 해보며 드디어 변화가 온 것이다.

"어머니! 라면을 수저로 먹는 거 못 보셨지요? 부대에서 고참이 되기 전에는 젓가락이 있어도 절대 사용을 못 해요."

"아니, 라면을 어떻게 수저로 먹니? 별 걸 다 가지고 고참들이 시집살이 시키는구나!"

"다들 그래도 잘 먹어요. 없어서 못 먹죠."

큰 녀석이 옆에서 거든다.

"입대한 지 2년이 된 나도 아직 사용 못한다. 이제 나는 곧 젓가락을 사용할 수 있을거야."

"엄마! 식당에서 TV가 있어도 못 쳐다봐요. 부지런히 수저로 밥만 먹고 얼른 나가 일하던 것 해야 해요. 그리고 화장실 청소하다가도 손도 못 씻고 그 손으로 그냥 밥 먹어야 해요."

"어? 왜? 그 손으로 어떻게 그냥 먹니?"

"손 닦으러 가려면 시간이 없어요. 빨리빨리 하지 않으면 또 혼나니까요."

그처럼 힘든 생활을 견디기에 편식도 고쳐졌고 까다롭던 성격도 많이 고쳐진 듯했다. 젊어서 고생은 사서 하랬다고 많은 것을 깨닫게 해 주는 군 생활이 한편 고맙기도 하다.

그러나 한편, 두 아들을 군에 보낸 엄마가 이처럼 편히 지낼 수 있음이 때때로 너무 민망스럽다. 맛있는 걸 먹을 때마다 걸리고 편한 잠자리도 미안하고 시간의 여유를 즐기면서도 그냥 편하고 좋기만 한 것이 아니라 늘 허전하고 미안함이 따른다.

그래도 큰 아이는 가까운 해군본부에 근무를 하고 있으니 걱정이 덜 된다. 이제는 고참이 되어서 외출도 한 달에 한 번쯤은 나올 수가 있다. 나오면 용돈 많이 쓴다고 아빠한테 가끔 걱정도 듣지만 두 아들 다 군 생활을 통해 점점 의젓해져가는 것을 느낀다.

지난 5월 어버이날 하루 전날이었다. 큰 아들의 친구가 제대하고 왔다고 전화로 아들 대신 어버이날 인사를 했다. 친구 부모에게 대신 전화까지 해주는것이 고마워서

'참 그 녀석 신통도 하다' 생각하고 있었는데 잠시 후 초인종이 울렸다. 방금 전화했던 아들의 친구였다. 완이에게 전화로 부탁을 받았다고 아들을 대신해 예쁜 카네이션 꽃바구니를 주고 갔다.

감격에 눈물까지 글썽여졌다. 어찌 그런 신통한 생각을 했을꼬? 그리고 그 놈이 용돈을 많이 쓴 이유도 다 이런 부탁할 친구 사귀느라 그랬으니 너무 나무랄 일만은 아니지 싶었다. 며칠 지나자 꽃은 시들고 말라 퇴색해버렸지만 나는 그 꽃바구니와 건빵을 버리지 못하고 아들 바라보듯 두고 바라보고 있다.

돌아오는 일요일엔 평택으로 달려가 작은 녀석을 만나고 와야지. 그 놈이 뭘 먹고 싶을까? 그리고 바닷바람에 검게 그을리고 딱 벌어진 어깨에 땀 냄새 흠씬 나는 그 놈의 체취를 맡고 와야지.

이번 주는 그 기대만으로도 행복한 한 주가 될 것 같다.

내 남자의 사랑법

지난 여름 10여 일 동안 캐나다 여행에 다녀왔을 때이다. 남편의 친구들 모임에서 부부들이 함께 가기로 한 여행이었는데 남편은 피치 못할 사정이 생겨 동행을 못하고 나만 팀원에 끼어 다녀왔었다.

그처럼 새롭고 좋은 곳을 함께 보았으면 기쁨이 두 배였으련만 함께 가지 못해 여행하는 내내 섭섭한 마음이 컸다. 커다란 호텔방에 달랑 혼자 누워 자면서도 그렇고, 보호자가 없으니 아프기라도 할까봐 여행하는 내내 긴장하며 다녀야 했다.

집에 남아있던 남편도 섭섭함은 나보다 더 컸으련만 여행의 걸림돌이었던 행사를 치르고 여행하려 비워두었던 남는 날에 마누라 도착하면 기쁘게 해 줄 요량으로 깜짝 이벤트를 벌이고 있었다.

록키산맥의 빙하를 거닐기도 하며 시원한 나라에서 여행을 하고 고국에 돌아오니 인천공항 밖은 늦더위에 후끈한 공기부터 숨이 막혀왔다. 집 또한 찜통 같은 늦더위에 숨이 막힐 지경이었다. 집에 도착해 가족들에게 한 첫마디가

"에어컨 좀 빨리 틀어. 이 더위에 왜 안틀고 있어? 보일러 틀었니? 거실바닥이 왜 이리 따뜻해?"란 말을 했을 정도로 집이 덥고 보일러를 땐 것처럼 내딛는 거실마루 바닥이 따뜻하게 느껴질 정도였다. 아직 짐도 풀지 않은 채 에어컨 앞에서 더위를 식히는 나를 보며 남편은 실실 웃더니 잠시 밖에 좀 나가자고 전등을 갖고 나온다.

영문을 몰라 따라 나오니 아파트 마당 차고에 은색 베르나 한 대를 보여주며 선물이라고 보라 한다. 차는 제대로 보지도 않은 채

"내 아토스는 어디 있어요?"

나의 물음에 내가 타는 아토스를 중고 매매상에 넘겼다는 것이다.

그 순간 나는 내 팔 한쪽이 떨어져 나간 것처럼 허전함과 함께 기운이 쭉 빠져버렸다. 새 차의 기쁨보다 8년이나 함께 지낸 아토스를 갑작스레 떠나보낸 섭섭함이 더 크게 다가왔다.

"새 차 맘에 안 들어? 별로 기쁜 얼굴이 아니네…"

"맘에 들어요. 고마워요."

말로는 건성으로 고맙다고 대답했지만 내 얼굴은 밝아지지 않았다. 큰맘으로 한 깜짝 이벤트였는데 별로 감격해 하지 않는 아내의 반응을 보고 남편은 좀 섭섭했으리라. 다행히 어둠속이어서 남편이 표정을 살피지 못했었으면 싶었다.

섭섭함은 며칠이 갔다. 아니 몇 달이 지나도 마찬가지였다. 지나는 길에 비슷한 차만 보면 타던 차가 종종 생각나 뒤돌아보곤 했다. 결혼 20주년 기념으로 남편이 사줬던 아토스였다. 그간 8년 동안이나 같이하며 날 얼마나 많이 행복하게 해줬던가.

아이들 야간자습 할 때 학교를 태워 나르기도 하고, 군에 간 아이들 휴가 나오면 부대에도 태워다 주고, 부모님 모시고 드라이브도 종종 다니며 시골 나들이도 시켜드리고……. 작지만 그 차는 그렇게 내가 가고 싶은 곳을 열심히 함께 해주었기에 더 행복했었다. 8년 동안이나 그 차와 함께한 일을 어찌 다 열거할 수 있겠는가.

남편이 바쁘게 생활할 때나 낚시터에 가서 심심한 주말에도 매미처럼 작은 초록색의 아토스가 있어서 난 외롭지 않게 견딜 수 있었다. 친정 부모님에게 가든지, 그이가 있는 낚시터에 뒤따라가던 그 아토스가 있으니 마음가는 곳으로 달려갈 수 있었으니까. 내 곁에서 늘 그렇게 기쁘게 해줬던 아토스를 인사도 없이 그리 보내야 하다니……

며칠이 지난 후였다. 남편의 친구부부를 만난 자리에서 차 바꿔준 깜짝 이벤트에 대해 남편 칭찬을 했더니

"아니, 원하던 차종이랑, 생각이랑 미리 이야기 했었나요? 완이아빠 맘대로 고른 차가 완이엄마 마음에 들어요?"

아하! 내 맘은 어떤 거였지? 그리고 보니 그동안 나는, 내가 어떤 차종을 갖고 싶어 했는지 어떤 색상의 차를 타고 싶은지도 표현한 적이 없었지 않은가? 늘 그이의 선택에 따라 결정되었기에 늘 그러려니 하고 이제껏 살았던 것 같다.

가끔씩 농담 삼아 하는 나의 말이 있다.

"난 나도 내 꺼가 아니고 당신꺼야……"라는.

그이는 모든 걸 결정할 때 가족들에게 더러 묻기는 하지만 자기가 옳다고 생각하는 쪽으로 늘 결정을 내린다. 하다못해 백화점에 가서도 자기 맘에 드는 옷을 마누라에게 사 입히기를 좋아한다. 그래서 그이의 권유로 할 수 없이 샀다가 종종 실패를 하는 경우가 생기고는 한다. 그게 그이의 사랑법이다.

하지만 나는 아내나 가족들에게 최선을 다 하려는 그이 맘을 알기에 그런 사랑 법에도 늘 고마워하며 살아가고 있다.

세 남자 가사실습

“힘들어서 어찌 지내냐? 발 통증은 좀 어떠냐? 밥은 어찌 해먹었냐?”

“걱정 마세요, 아버지. 우리 집 세 남자가 너무 나만 부려먹으니 가사실습 좀 시키라고 하나님이 일부러 다치게 하셨나 봐요. 휴가려니 생각하고 좀 쉬면서 세 남자들 일 좀 가르치면 되니 걱정하지 마세요.”

아침저녁 전화해서 딸의 안부를 물어 오시는 아버지. 완전히 거꾸로 되었다. 아버지는 병원에서 진단을 받으신 진짜 환자시건만 딸년이 발을 다치는 바람에 걱정만

끼쳐 드리고 있으니 죄송스럽기 그지없다.

'남편한테 잘못해서 벌받은 거 같아.'라고 골리며 남편은 주방으로 간다. 쌀은 몇인 분 해? 잡곡은 뭘 넣지? 밥물은 이 정도면 되는 거야? 밥 한 끼 하려면 수도 없이 묻고 설명은 두 배 세 배로 길게 답변을 해야 하고 한 끼 얻어먹기가 보통 힘든 게 아니다. 그나마 아침 한 끼 먹여놓고 모두 나가면 다리 병신 하나 달랑 침대 위에 누워 있다.

전화기, 휴대폰, TV리모콘, 책 몇 권, 그들과 종일 지겹도록 뒹군다. 화장실 가기도 고통스러워 물 마시는 것조차 망설여지던 며칠이다. 목발을 짚고 걸어보다가 기어도 보다가 바퀴 달린 의자에 앉아 휠체어 대신 움직여도 보지만 모두 힘들기만 하다.

뭘 좀 먹어보려고 주방으로 간신히 기어 가보면 왜 하필 그때 전화가 온담. 이런 때 오는 전화는 반가움보다는 괴로움이다. 받으러 가려면 벨이 열 번은 울려야 받을 수가 있는데 대개는 받으면 끊어지기 십상이다. 아파 보니 좁던 아파트가 왜 이리 넓어 보이는 걸까? 나중에 더 늙어 몸이 불편할 때를 생각해보니 절대로 아파트 평수 넓히는 것은 금해야 할 것 같다는 생각도 든다.

“엄마! 뭔 빨래가 이리도 매일 많아요? 도대체 수건은 누가 이리 많이 써?”

“글쎄, 생각해 보렴. 누가 많이 쓰나. 엄마는 매일매일 그러고 살아. 엄마 잔소리 싫다했지?”

깔끔 떠느라 샤워하려면 꼭 두 장씩 쓰는 놈이 제가 빨래하려니까 짜증이 나나보다.

“아빠 Y셔츠는 손빨래해야 된다. 셔츠 빤 비눗물에 색 있는 옷 빨고. 그리고 그 비눗물로 욕실 바닥과 변기 닦는 거 알지? 설거지 할 때 물은 반만 틀어서 해. 물도 아낄 겸, 그러면 튀지도 않고 좋아.”

“엄마! 청소기 좀 바꾸지요. 잘 안 빨려. 이거 몇 년 된 거야?”

“아마 15년쯤. 나도 바꾸고 싶었어. 근데 고장이 안 나네. 고장이 나야 아깝지 않게 바꾸는데.”

어찌 되었든 아들과의 대화는 모처럼 많이 해 본다.

“엄마! 나만 맨날 이렇게 일해야 돼?”

방학이라 시간이 제일 많아 붙들려 일하는 작은녀석이 억울한 듯 불평이다.

"그래, 아빠도 형도 출근하는데 할 수 없잖아? 너도 빨래만 하고 빨리 도서관으로 가렴."

다친 지 열흘. 살며시 디뎌본다. 통증이 아직도 심하게 있으나 제사를 지내야 되니 어쩔 수 없는 일. 다행스레 시누이 가족은 산소에 다녀갔다고 아니 오겠다니 부담은 좀 줄었다. 목발을 짚고 작은녀석과 함께 장을 봐왔다. 야채 고르는 법이며 장보는 요령까지 제대로 실습을 시킨 셈이다. 작은아이와 둘이서 종일 힘들여 제사상을 차렸다. 아프지 않을 때도 힘이 들던 일이 한쪽 다리에 지탱하며 일을 하니 고통스럽기 짝이 없다. 온몸이 다 아프고 얼굴과 발등이 통통 부었다. 이거 상처가 더 나빠지는 건 아닐까? 순간 겁이 나기도 한다.

제사를 지내고 나니 아이들 둘이서 그 많은 설거지도 거뜬히 해냈다. 뒤에서 바라보니 흐뭇하다. 이제 그 정도면 결혼시켜도 문제없겠군. 열흘간의 실습으로 두 아들은 세탁기 돌리는 거 하며 설거지며 훈련이 좀 되었으나 한 남자는 어찌한담? 그러나, 훈련 못 시켜도 좋으니 안 아프게 해주세요. 하나님!

짧은 시간 긴 여행

늘 방학만 되면 가족들과 함께 여행을 계획하는 남편이었지만, 아이들이 어릴 때와는 달리 중고생이 된 후부터는 가족여행이 쉽지가 않다. 그러고 보니 보충수업 관계로 한여름에는 바다를 못 가본 지도 꽤 오래된 듯하다.

해마다 아이들과 시간을 맞추려니 으레 말복이 지난 다음에야 휴가를 떠나게 된다. 밀리는 교통난도 해소되고 운전하기에는 더없이 좋다는 남편과 복잡한 것을 싫어하는 나는 북적대는 인파에 시달리지 않아 좋으나 아이들은 늘 서운해 한다.

모처럼 대하는 바다에서 마음껏 수영을 하고 싶은 아이들이지만 말복이 지나면 물속이 차서 오래 있지 못하니 어찌 아쉽지 않겠는가. 그리고 아이들이야 시끌벅적한 사람들 모이는 곳의 구경거리와 먹거리를 좋아 할 텐데 좀 안 되었다는 생각이 들기도 한다.

그 많은 장사꾼들도 말복이 지나면 모두 철거를 한 썰렁한 해수욕장엔 여름 내 주인에게 한 몫을 했음직한 낡은 파라솔만이 바람에 뒹굴고 있기 마련이다.

올 여름에도 남편은 몇 차례나 아이들 의향을 물었다. 어디가 가고 싶으며 언제가 좋겠느냐고. 하지만 두 아이 다 시큰둥했다. 친구들과 같이 바다에 가고 싶으니 올여름 휴가는 각자 가자는 큰아이와 집에 있을 테니 두 분만 다녀오시라는 작은아이는 남편에게 큰 실망만을 안겨주었다.

이제 큰아이는 제 아빠보다도 키가 더 커졌고 작은아이가 아빠와 겨루기를 할 만큼 컸는데도 자신이 외아들인 외로움 탓일까? 늘 품안의 자식처럼 함께 다니고 싶어 하는 남편이 가끔씩 안돼 보일 때가 있다. 자식들은 틈만 있으면 부모 품을 벗어나려고 하는데 말이다.

기어이 큰아이가 친구들과 바다에 다녀오길 기다려 한 자리에 앉아 토론을 했다. 날짜를 맞춰보니 가족 모두 같이 할 수 있는 날은 겨우 이틀 뿐이었다. 강원도 치악산으로 이틀간의 가족휴가를 결정하고 떠나기로 했다.

짧은 여행이 못내 아쉬운 남편은 새벽 다섯 시에 출발을 서둘렀다. 휴게소마다 쉬어 가면서 서둘지 않고 갔는데도 9시 전에 경기도 이천에 도착해 세종대왕 능에서 첫 손님으로 참배를 할 수 있었다. 전시되어 있는 세종대왕의 발명품과 연구업적, 그리고 유물들을 둘러보며 새로운 감회에 젖어 보기도 했다.

강원도로 가는 길목에서 그 유명한 찰옥수수를 사서 먹어보니 과연 맛이 일품이었다. 단것을 넣지 않고 삶은 것인데도 그 담백하고 쫄깃쫄깃한 맛이 일품이었다.

드디어 치악산에 도착하니 맨 처음 눈에 띈 것은 자갈돌이 훤히 들여다보이는 맑은 물의 계곡이었고 두 번째는 휴지 줍는 단발머리의 자원봉사 학생들이었다.

아! 그것만으로도 우린 치악산에 온 것을 잘했다는 생

각이 들었다. 분명 즐거운 여행예감이랄까? 아침을 휴게소에서 간단히 먹었기에 좀 이르지만 점심식사를 하기 위해 취사할 곳을 찾았다. 많은 사람들이 물가에서 식사준비를 했지만 설거지는 꼭 취사장에서만 하도록 되어있었기에 하류였는데도 물이 깨끗하게 흐르고 있었다.

즐거운 식사를 마치고 가벼운 차림으로 등산을 시작했다. 올라가면 갈수록 더욱더 시원해서 맑은 물을 보며 감탄사를 연발하기도 했고 내가 좋아하는 모습을 바라보는 남편도 흐뭇해했다.

남편은 큰아이와 나란히 걸어가며 이런저런 이야기를 나누기도 하고 좀 쉬었다 갈 때에는 작은아이와 나란히 걸으며 대화하는 모습을 뒤에서 바라보는 나도 흐뭇하고 행복했다.

말복이 지났다고는 하나 한낮에는 불볕이었지만 이 계곡으로 들어오니 모두가 숲에 싸여 그늘이라서 시원함을 만끽하며 걸을 수 있었다.

중간쯤 갔을까? 아름다운 장면을 보기도 했다. '세상에서 제일 편안한 자세로 있는 사람들'이라는 표현을 하고 싶은 사람들이었다. 커다란 바위들 사이사이에 흐르는 시원한 물위에 커다란 에어매트를 띄워놓고 한 쌍의 남녀가 짧은 반바지에 소매없는 셔츠를 입고 하늘을 보고 나란히 누워있었다. 커다란 선글라스를 쓰고 있었기에 나이는 잘 모르겠지만 날씬한 몸매들로 보아서 젊은 부부인 듯 싶었다. 그 모습이 왜 그리 아름답고 편안하게 보였는지.

구룡사에서는 지나는 이들에게 명상의 소리를 스피커를 통해 들려주고 있어서 잠시 쉬는 동안 더욱더 의미있게 해주었다. 이 맑고 시원하고 아름다운 계곡에 잘 어울리는 그런 좋은 글들을 남자 성우의 목소리로 아름답게 낭송해 골짜기에 울려 퍼지고 있었다.

계곡의 물들이 맑게 많이 흐르고 있어 이곳에는 가뭄이 있을 것이라고는 생각지 않았었는데 폭포에 도착하니 이곳에도 가뭄이 있음을 알 수 있었다. 폭포의 물은 간 곳이 없고 덩치 큰 바위만 아쉬움 속에 바라보고 내려와야 했다.

내려오며 계곡 처음부터 끝까지 휴지조각 하나 없었던 이유를 알 수 있었다. 알림 게시판을 읽어보니 하루 세

번 방송이 울리면 주민들이나 혹은 방문객 모두 일어나 20분간 휴지를 주워서 지정된 곳에 놓아 달라는 글이었다. 좋은 아이디어였다. 소수의 사람들의 힘으로는 이처럼 깨끗하기가 쉽지 않으련만 짧은 시간 동안이라도 모두 일어나 동참한다면 결코 힘든 일은 아닐 것이라는 생각이었다.

아! 그래서 이처럼 깨끗했구나. 순간 우리 근교의 계곡들을 생각하며 이런 아이디어를 전수하도록 전해주어야겠다는 생각을 하며 내려왔다.

하산을 하는 대로 당신이 원하던 월악산 송계계곡으로 데려다 준다는 남편이었지만 가족 모두 함께 이곳에서 하룻밤 묵고 싶다는 생각에 일치하여 텐트를 치기로 했다. 짐을 나르기 쉽도록 하류 쪽에 차를 세우고 가까운 곳에 텐트 칠 자리를 잡았다.

텐트 속에서도 물 흐르는 소리를 감상할 수 있고 텐트 문만 열면 발을 담글 수 있는 개끗한 물이 흐르는 곳이었다. 아! 더 무엇을 바랄까? 더군다나 사랑하는 가족 모두가 함께 있는데.

호텔은 아니어도 마누라 편케 재워주어야 한다며 무거워도 싣고 온 에어매트를 두 아들을 시켜 바람을 넣고 텐트 주위에 모기향도 피우고 맛있는 저녁식사까지 남편이 준비했다.

이제 흐르는 물소리를 들으며 또한 별을 헤어보기도 하고 쉴 일만 남았는데 이게 어쩐 일이람. 어둠과 함께 한두 방울씩 빗방울이 떨어지기 시작했다.

늘 상황 판단이 빠른 남편은 빨리 떠날 준비를 하란다. 이곳은 하류이고 이쪽 강원도 쪽엔 폭우가 많이 내리는 곳이니 그냥 자다간 큰일 날 수가 있다고.

누워보지도 못한 매트도 그렇고 아쉬운 것이 어찌 하나 둘이랴. 허나 점점 굵어지는 빗방울에 우리는 다른 생각은 할 수가 없었다. 오로지 빨리 차에 짐을 실어야하는 대피소동 뿐이었다.

손가락을 다쳤다며 꾀만 부리던 작은아이는 손가락 아픈 것도 잊었는지 어둠을 헤치며 제일 열심히 짐을 나르고 철부지로만 생각했던 큰 아이는 엄마가 무거운 것 들까봐 한 팔에 서너 개씩 제가 다 든단다.

짐 싣는 사이에 점점 더 세게 쏟아지는 빗줄기는 우리 모두를 흠뻑 적셔 놓았고 차에 타고 한시름 놓은 우리들은 호텔이고 뭐고 집이 제일 그리웠다. 어디로 갈까를 잠시 망설이던 남편도 모두가 흠뻑 젖어버린 심란함 때문인지 그 밤에 아쉬운 핸들을 집 방향으로 꺾었다.

쏟아지는 폭우에 윈도우 부러쉬마저 힘겹게 겨우 작동되었다. 그래도 눈썰미 있는 남편이기에 왔던 길을 찾아 되돌아 왔지 내 무딘 감각으로는 어디가 어딘지 전혀 감이 잡히지도 않았다.

그 엄청난 폭우를 경험하고서야 얼마 전 강원도 지역의 폭우로 산사태가 나 아까운 군인들이 희생된 사건을 충분히 감지할 수 있었고 다시금 그 안타까움이 되살아나기도 했다.

내 생전에 그처럼 굵은 빗줄기는 처음 본 것 같다. 이렇게 내리면 하루 동안이라도 큰 물난리가 나겠다 싶었다.

이천쯤 오니 점차 가늘어지던 빗줄기가 신갈 휴게소에 도착하니 비왔던 흔적이라고는 전혀 없었다. 휴게소에서 빗방울에 더러워진 차들을 몇 대 발견하면서 그 차들만이 강원도에서 우리처럼 피신해 온 차들일 거라며 우린 함께 웃음을 터뜨렸다.

집에 도착하니 새벽 두 시. 장시간 운전을 했던 남편을 비롯해 우린 모두 녹초가 되어 있었지만 스물한 시간 동안에 이처럼 긴 여행을 할 수도 있었던 것이 무척 감사했다. 또한 가족애를 새삼 확인할 수 있었던 짧은 시간속의 긴 여행을 간직한 채 모두 단잠에 빠져들었다.

어머님의 맨살

노란 한복을 입고 반듯하게 누우신 시어머님의 모습은 너무나 편안하고 고왔다. 핏기 없는 깨끗한 얼굴의 어머니는 그동안 그리도 내 속을 태우던 치매 걸린 노인이 아니었다. 한 생을 원 없이 살다 가는 듯한 곱디고운 모습이었다. 버선목 사이로 어머니 맨살을 만졌다. 눈물이 울컥 났다.

"어머니! 그동안 내게 서운했던 것 다 잊고 편히 가셔요. 기저귀 갈 때, 어머니 엉덩이 닦을 때, 고무장갑 끼고 한 것 미안해요. 차갑다 하셨는데도 맨손으로 하지 못한 것 정말 미안해요. 귀찮고 힘들어 한 것 모두 용서하고 편히 떠나셔요. 천당의 아버님 곁으로요."

나는 어머니의 차디찬 발목을 잡고 용서를 빌며 어머니를 보냈다. 내 손이 어머니의 맨살과 교차하는 순간 쌓였던 서로의 서운함들이 모두 녹아내림을 느꼈다. 옆에 있던 당신의 자식들도 내 눈물의 의미는 몰랐으리라.

음력 6월의 무더위에 장례를 치르느라 사흘간 집 안과 밖 골목까지 난리 북새통을 떨었다. 노랗고 하얀 국화의 커다란 화환이 골목 어귀까지 줄지어 서 있다. 진작 어머니 살아계실 때 이처럼 화려한 잔치를 해드렸으면 얼마나 기뻐하셨을까? 그러잖아도 아는 사람만 만나면 민망할 정도로 아들 자랑을 하시던 어머니였는데…… 하는 생각을 하며 서 있는데, 내 귀에 손을 대고 속삭이는 이가 있었다. '축하해, 완이엄마! 해방을…… 그동안 고생이 너무 많았어.'

옆에서 지켜보기에 얼마나 안쓰러웠으면 초상집에 온 사람의 인사가 축하였겠는가? 하기는 어머니 기저귀를

갈아대며 구역질을 해댄 탓에 위가 뒤집혔는지 지나는 길에 하수구 냄새만 맡게 되어도 주저앉아 토악질을 멈출 수 없었다. 그 즈음 나의 간절한 기도는 '하나님! 정말 계시다면 더 큰 병 얻기 전에 어머님 좀 데려가주세요.'였었다.

어머니가 중풍으로 쓰러지신 지 7년. 처음엔 왼편 몸만 쓰지 못했던 어머니의 상태는 점점 나빠져서 외출이 불가능해졌다. 걷지 못해 방안에서만 활동을 하게 되자 치매까지 겹쳐왔다. 그때 나는 생활이 어려워 두 아이를 키우면서 작은 테니스용품 가게를 하고 있었는데, 연탄불에 늘 어머니 약을 달이거나 시중을 드는 일을 사람 쓰며 하는 것이 여의치 않았기에 가게를 처분하였다. 끝이 언제일지도 모르며 지내야 하는 7년이란 세월은 결코 짧지만은 않았다. 어머님도 불쌍하고 나도 불쌍한 날들이었다. 아니, 가족 모두가 딱했었다.

스물 두 평의 좁은 아파트, 어머니 방문을 열면 바로 주방이었기에, 대변을 치울 때면 냄새가 주방으로까지 번지는 것이 난감했다. 그때만 해도 일회용 어른기저귀가 안 나올 때라 기다란 아기 기저귀를 두 개 잇대어 채워놓으면, 소대변이 옆으로 새어 옷과 이부자리에 번지기 일쑤였고, 치매든 노인은 자칫하면 오물을 빼내어 주무르고 있었기 때문에 늘 긴장하며 살던 날들이었다.

금방 상 물려 설거지를 하고 있으면 '밥 주세요, 배고파요. 나 밥 안 먹었어요.' 고래고래 소리를 지르고, 상 위에 놓여 있는 반찬을 하나도 남김없이 모두 잡숫고는 짜서 '물 물' 하시던 분. 그래서 반찬도 잡수실 만큼만 드려야 했다. 조용하다 싶어 방에 들어가 보면 물건들을 모두 어질러 놓고, 속바지를 있는 대로 대여섯 개씩 껴입고 오줌을 쌌다. 더러는 대변덩이를 텅텅 방문에 집어 던지기도 했다. 모든 것들이 힘들기만 해 어디론가 도망이라도 가고 싶었던 날들이었다.

용케도 아이들이라는 끈이 부부를 꽁꽁 엮어 놓았다는 걸 실감했다. 아이들만 아니었으면 아마 나도 그 상황을 견디어내지 못했으리라. 그때쯤 텔레비전 뉴스에서 치매 걸린 부모를 제주도에 여행 가서 버리고 오는 일이 종종 보도되었는데, 용서는 못하지만 오죽했으면 그랬으랴 하는 마음에 충분히 이해는 할 수 있었다.

맏이도 아닌데 혼자 이 고충을 치르며 사는 것이 화가 나서 모두 미웠다. 퇴근 후 늦게 들어오는 남편도 미웠고, 외면하며 부담을 나누지 않으려는 윗동서들도 미웠고, 어쩌다 나타나 어머니께 이것저것 먹이고 가서 이튿날 더 요란스럽게 설사를 하게 하는 시누이도 미웠다. 토악질을 해대며 한바탕 어머님을 씻기고 문밖 복도로 나가면, 커피를 타서 들고 있던 고마운 이웃집 애기엄마. 그런 고마운 이웃에게 깔끔치 못한 빨래가 아파트 난간에 늘 널려 있게 하는 것도 미안했다.

빨래라도 훌훌 널 수 있고 시원한 공기라도 맘껏 마시며 살 수 있는 단독주택이 그리워, 아파트 판 돈 모두로 넓은 전셋집을 얻어 이사를 했다. 어머니 방문을 열면, 커다란 거실 유리로 넓은 화단의 꽃을 계절 따라 볼 수 있는 집이었다. 아침엔 새들의 재잘거림에 눈이 떠져 순간순간 행복을 느끼기도 했다. 개밥그릇을 노리던 새들이 종일 집안을 드나들며 짹짹 재잘거려 덜 심심하셨음일까? 어머니는 방문도 덜 두드리고 점점 조용해지셨다. 가끔은 멀

쩡한 정신이 돌아오는 듯,

"에미야, 미안하다. 도움이 못 되고 늘 네 신세만 졌다. 안 아플 때 너 좀 도와주고 좀 잘 해줄 걸……."

"어머니, 저한테 잘못한 거 알긴 아셔요?"

"그럼 알지. 그때 내가 너무 잘못했어. 네가 살아보겠다고 정신없이 바쁘게 살 때 아이도 좀 봐주고 그럴 걸. 내가 벌 받았나 보다."

친구와 화투를 좋아하셨던 어머니는 장사할 때 아기 좀 봐달라는 나의 간절한 요청을 들어주지 않으셨고, 자식에게 빚만 남겨주셨으면서도 틈틈이 필요한 돈을 요구하러 오시고는 했다.

그런 지난 일들이 마음에 걸리셨는지, 어느 날은 기저귀에 동전 몇 닢 넣어놓고, '얘들아! 나 돈똥 쌌다. 빨리 와 보거라.' 하고 호령을 하기도 하셨다. 아마도 당신의 희망사항이 치매 증상으로 나타난 것이리라.

단독으로 이사 와 몇 달 지난 뒤 몸이 점점 마르시는 듯했다. 틀니가 힘없이 빠지기 시작하고 잡숫는 게 줄고 말씀이 줄더니, 어느 날 아침, '아파, 아파.'하셨다. '어디가요, 어머니?!' '몰라, 그냥 아파….' 말씀하시며 눈동자가 힘없이 풀어지기 시작했다. 갑자기 겁이 나고 가슴이 뛰었다.

전화를 돌렸다. "아가씨! 어머님이 이상하셔. 빨리 좀 와 봐요." 시누이를 불러들였다. 딸이 달려와 흐느끼면서 "엄마! 눈 좀 떠봐요." 떠봐야 뜨나마나한 초점 없는 눈이었지만 말귀는 알아들으시는 듯 눈을 위로 치켜떠보고는 했다. "엄마! 참외 좋아하셨잖아, 좀 잡숴봐요." 대답은 못해도 얇게 저며 넣어 드리는 참외는 우물우물 넘기는 듯하더니 의식 없는 이틀을 보낸 후 세상을 뜨셨다.

어머니 염을 한다고 가족들 모두 어머니 방으로 들어오라 그랬다. 염 잡숫기 전 마지막 얼굴을 모두들 보라고. 자식들을 너무 지치게 한 긴 병 탓일까? 세 아들들은 눈물도 없이 머쓱하니 서 있고 외딸 하나만 "엄마! 엄마!" 부르며 애절하게 흐느낀다. 노란 한복을 입고 반듯하게 누운 어머니는, 그리도 내 속을 태우던 치매 걸린 노인이 아니었다. "우리 어머니가 그러고 보니 참 미인이셨네." 하는 생각이 들었다. 버선목을 내리며 맨살을 만지니 울컥 울음이 쏟아진다. 기저귀 갈 때, 어머니 엉덩이 닦을 때, 고무장갑을 끼고 만지는 걸 싫어하시던 어머니. 그래도 찜찜함에 늘 고무장갑을 끼었던 내 자신이 부끄러워 나는 차디찬 어머니의 맨살을 만졌던 것이다.

막상 돌아가시고 나니, 큰일을 치르며 너무 지친 탓인지 아무 데고 쓰러져 잠 좀 자고 싶다는 생각만 났다. 그러면서 문득문득, 이렇게 때가 되면 가시는 걸 내가 왜 그리도 힘들어했는가? 하는 회한이 밀려오기도 했다.

어디 부딪힌 적도 없는 것 같은데, 시퍼런 멍이 내 손등에 번져 있다. 아마도 나이 탓인가 보다. 팔순의 친정아버지도 종종 그러셨지. "이유도 모르게 팔뚝이랑 다리에 멍이 들곤 해. 이젠 잘 낫지도 않더구나."

어머니도 돌아가시기 1년쯤 전부터인가? 밤만 되면 심심하다고 문을 두드리던 어머니의 손등엔 퍼런 멍이 들다 못해 검붉게 피가 맺히고는 했다. "어머니, 또 왜 그러셔요. 그만 우리도 잠 좀 자게 해줘요. 애비 자야 낼 출근하지요." "심심해. 나 잠이 안 와." 손바닥으로 두드리다가 성에 안 차 방법을 바꿔 손등으로 두드리셨는지, 살점 없는 파리한 손등과 손목에 맺히던 피멍울들……. "엄마도 늙으면 저럴 거야?" 여섯 살 난 아들아이는 나중에 제 짐이 될 듯한 나를 보며 근심스런 표정으로 물었었지.

내 손등에 생긴 멍을 바라보며, 사람이 나이를 먹어간다는 것이 무엇인가 생각해본다. 이제는 겸손함을 알라는 뜻으로 신이 주시는 암시는 아닐까 짚어도 본다. 누구나 나이 들고, 언젠가는 세상을 떠나게 되는 것이 무릇 생명 있는 존재의 운명일 것이므로.

2부

술잔 속의 터득

산다는 것은

우리네 인생살이는 참 맘대로 살아지는 게 아닌 것 같다.

남편이나 나나 공주사람으로 누구에게 욕먹지 않는 삶을 살고자 노력하며 살았는데, 이번에 아이들 혼사를 치르는 일로 우린 참 생각대로 살아지지 않는 것을 실감했다.

큰아이가 안정된 직장을 늦게 갖는 바람에 결혼이 늦어졌고 둘째는 결혼을 빨리 하고 싶어 차례를 기다리고 있던 차였다. 1년 전부터 먼저 예식장도 잡아놓고 신혼여행

지까지 물색해 예약을 해놓고는 형에게 재촉을 하고 있었으니 큰아이는 얼마나 또 마음이 조급했을까.

다행스레 큰아이가 원하는 직장을 갖게 되었으나 결혼이란 게 그리 간단히 치러지는 게 아니었다. 요즘엔 반지나 한복을 맞춰도 보통 두 달씩 걸릴 뿐 아니라, 예식장 또한 6개월도 더 전에 예약해 놔야만 원하는 날짜와 시간에 할 수 있는 거였다.

부랴부랴 더위 피해 9월에 큰아이 결혼을 치르게 되었다. 대전에서 생활을 해왔던 큰 애기의 간절한 소망을 나는 차마 꺾을 수가 없어서 유성에서 결혼식을 올리게 되었다. "공주사람이 공주에 있는 예식장에서 해야지… 아들 쪽에서 해야 하는 게 아냐?"하며 화를 내는 남편 달래랴, 중간에 난처해하는 큰아이 바라보랴, 여러 날 서로 마음고생 끝에 결국 유성에서 혼사를 치를 수밖에 없었다.

하객들에게 죄송한 마음으로 큰아이 결혼을 끝내고 보니 둘째가 잡아 놓은 결혼 날이 바로 두 달 후, 코앞이었다. 3년 만에 오는 좋은 길일이라 사돈댁에서 오래전에 미리 예약해 놓았다는 예식장 또한 대전이었다. 그 사돈은 예식업에 관계되는 일을 하시는 분이니 체면상 이제 와서 취소를 못한다는 작은 아들. 날짜도 뒤로 미루려면 신혼여행이나 직장 문제로 여러 불편이 따라 안 된다 했다.

아이들이나 남편이나 각자 입장은 모두 옳았다. 하지만 어느 한쪽으로 결정을 해야 하는 것은 대단히 어려운 문제였다. 집안에 여러 날 이상한 기류가 흘러 불안의 연속이었다. 여러 지인들에게 처지를 상담해 보니 아이들 결혼식이니 하객들에게는 좀 미안해도 아이들이 원하는 대로 허락해 줘야 될 듯하다고, 자식 이기는 부모 없다고 위로를 해준다.

아빠에게 효자소리 듣고자 열심이던 아들이 아빠 입장을 알면서도, 또한 처가 쪽의 입장도 몰라라 할 수는 없고, 어찌할 수 없는 괴로움에 주먹으로 벽을 쳐서 뼈가 어긋나 오른 손을 깁스하는 불상사가 일어나고야 아빠가 포기를 하며 매듭이 져졌다.

이렇게 하여, 우린 두 번이나 공주를 떠나 아이들 혼사를 치르게 되어 공주의 예식업을 하는 분들이나 하객 분들에게는 얼마나 죄송스러운지 모른다.

"대전이라야 겨우 3, 40분 거리인데 괜찮아요… 금방 또 청첩하는 게 어때요, 이래저래 한 집안에 두 번 혼사인데 후딱 치르시면 좋지 뭘 그리 미안해해요."라며 위로해 주시는 분들 덕택에 그래도 얼굴을 들고 혼인을 치를 수 있었다.

두 며느리를 애들이 각자 골라 데려왔지만 좋은 규수들이어서 만족스럽고, 식구가 불어났으니 기쁘고 이젠 할 일을 다 한 듯 느껴지고 한편 흐뭇하다.

하지만, 그동안 공주사람들이 직장을 이곳에 두고도 타지에 나가 살며 통근을 하면 불만스러워했던 나로서는 이번 일로 무척 죄송스럽다. 이래서 자식 둔 부모는 입찬소리 못한다는 말이 생겼는지 모르겠다. 어쩌면 이 일이 우리에게 더 겸손하게 살라는 뜻이었을지도 모르겠다.

공주사람으로 떳떳하게 산다는 것… 참으로 어려운 일임을 실감했고. 남편이나 나나 이 죄송스러움을 두고두고 공주사람들에게 갚으며 살아야만 할 것 같다.

선물

올해는 무척이나 더운 여름이다. 30년만의 더위라고 방송에서는 그러는데 내가 느끼기에는 태어나 처음 맞는 것 같은 무더운 여름이다. 가뭄 또한 대단했다. 밭에 가보면 식물들이 축 처져있거나 손길이 조금 멀어 며칠 동안 물을 못 얻어먹으면 누렇게 말라가고 있었다. 그런데도 이상한 건, 그 가뭄에도 풀은 무성하다는 거였다.

마당가 꽃밭에 꽃들과 텃밭에 고추와 옥수수, 가지, 오이를 조금씩 심어 놓았다. 그 텃밭에 물을 주러 틈만 나면 자주 드나들었다. 새벽에도 윙윙, 저녁에도 윙윙… 모기란 놈은 나에게 열심히 달려들고 나는 그놈들로부터 뜯기지 않으려 더워도 긴 옷 입고 꽁꽁 싸매거나, 옷 위로도 곧잘 모기약을 뿌려대야만 했다. 하지만 뿌리는 약도 바르는 약의 효과도 잠시 뿐, 옷 위로도 물어대는 모기란 놈들은 내 몸에 수없는 붉은 상처를 내놓고야 만다. 가려움에 약을 바르며 간신히 2, 3일은 참아야 가라앉고는 한다.

주택에 사는 지인 몇 분이 갖다 심어준 화초들이 내 화단을 만들어 주었다. 제일 먼저 피기 시작하는 수선화와 영산홍, 그리고 안개초, 은배초, 분꽃과 나팔꽃, 채송화, 그리고 서광과 백일홍 등 이름 모를 꽃들까지 꽤 많다.

수시로 피고 지는 꽃들. 며칠 못 가본 사이에 피었다 지는 꽃들에게는 미안하기도 하다. 물을 주며 이건 월미동 사모님이 갖다 심어준 꽃이고, 이건 강경 언니네서 온 꽃, 아! 나원장님께서 주신 영산홍이 제일 먼저 수선화와 함께 피기 시작해 우리가 밭에 가면 환히 밝혀주었었다.

참 고마운 분들… 내게도 밭이 생겼다 자랑했더니 집에 여유 있는 화초들을 서로 나누어 주셨다. 금학동 조 여사는 집 앞에 오래 키운 화분을 통째로 선물로 주기도 했다. 같은 아파트에 사는 조 시인은 시댁에서 부추 뿌리를 캐다주고 옥수수 씨앗과 청경채 뿌리까지 챙겨다 심어보라고 틈틈이 전해주고는 했다.

흙이라고는 만져본 적도 없는 우리 내외는 그 고마운 분들 덕에 밭에 돌을 고르고 화단과 텃밭을 가꾸기 시작했다. 색소폰 동호인 한 분은 호미랑 괭이랑 삽이며 톱까지… 연장을 골고루 사다 선물로 주시기도 했다. 동네 분들은 자동차 기름 값도 안 나오는 짓(?)을 하는 우리 부부를 한심스럽게 바라보지만 남편은 이곳만 오면 행복하단다. 밭에서 따온 오이와 풋고추를 식사 때마다 고추장에 찍어먹으며 사다 먹는 것과는 비교도 안 된다며 맛있어 했고, 블루베리와 아로니아를 조금이나마 수확해보며 흐뭇해했다.

아기장미 두 그루를 동네 분이 선물해 주셨는데 거름을 주었더니 크기도 많이 크고 여름 내내 피고 지며 내게 큰 기쁨을 선사한다. 사다 심은 화초들은 죽어도 좀 안타깝기는 하지만 선물로 받은 꽃들에 비하면 큰 의미가 없다.

다시 사다 심으면 되지… 하는 마음인데 선물로 받은 화초들은 그분들의 정성까지 곁들여서일까? 물을 주며 생각하고 꽃이 피어도 생각하고 그 고마운 마음을 결코 잊지 못하고 감사함을 느낀다.

언젠가 금학동 살 때 나무를 타고 올라가던 빨갛고 조그만 별꽃을 피우던 유홍초가 생각나 아직도 금학동에 살고 계신 나 시인 사모님께 그 말씀을 드렸더니 기꺼이 꽃모를 얻어와 문학관에도 심고 내게도 나누어 주셨다.

몇 포기의 유홍초가 줄을 타고 올라가며 별꽃을 피우는 게 너무 신기하고 예뻐서 월곡리에 갈 때마다 제일 먼저 유홍초를 들여다보고 올라갈 줄을 찾느라 허공에 손짓을 해대는 아기손들을 다칠까 살살 줄에 감아주며 내 작은 행복을 맛본다.

집에서도 오래된 그릇들을 사용하며 생각한다. 이 냄비는 그때 처음 집 샀다고 사촌언니가 사주신거구나. 아 이 컵은 금학동으로 이사했을 때 미국으로 간 양 선생이 사준 거지. 하나하나 그런 마음들로 의미가 있는 그릇들은 세트에서 하나둘씩 깨져 짝이 안 맞아도 결코 버릴 수 없는 물건들이다.

엊그제 문학관에 가니 나태주 시인께서 아기구절초를 한 다발 뽑아주셨다.

“이 구절초 갖다 월곡리에 심으세요. 유 시인이 문학관에 두 포기 갖다 심어준 게 이렇게 많이 벌고, 마당에까지 이렇게 많이 새순이 나고 있네요.”

나 시인의 마음도 나랑 똑같다. 아니 그 사랑이 나보다 훨씬 크시다. 화단에 물주는 것조차 다른 사람에게 안 맡기시고 직접 주신다. 꽃들이 아파할까봐 물길 살살, 하나하나 보살피며 그들과 대화하며 주시는 것이다. 아마도 나처럼, 이건 누가 갖다 심은 건데~ 생각하며 주실 것은 뻔하다.

지금은 가족들의 생일이나 아기의 돌, 백일에도 맘에 드는 거 직접 사라면서 배려차원에서 선물대신 봉투로 대부분 전달한다. 그게 더 좋은 점이 많을지도 모른다. 하지만, 나이든 사람들처럼 주고받는 선물에 대한 이런 따뜻한 마음들을 지금의 젊은이들은 품고 살지 못할 것 같아 아쉽다.

새벽 미소

그이가 막 떠나간 골목길을 바라본다. 바람도 잠이 들었음일까. 미동도 하지 않는 나무들은 먼빛으로 반사되는 가로등의 불빛을 받아 마치 영화의 한 장면인 양 그윽한 장면을 만들어내고 있다.

어둠을 뚫고 새벽 4시에 바닷가로 달려가는 그이의 환한 미소. 아마 나는 저 미소를 보기 위해 남들이 한참 자고 있을 새벽 2시에 일어나 부지런히 손을 놀려 김밥을 준비했을 게다.

저토록 좋을까? 결혼 40년을, 아니 교제기간까지 하면 그보다도 넘게 곁에서 지켜본 나지만, 저토록 낚시를 좋아하기에, 가끔 바가지는 긁을 지언정 말리는 걸 체념한 지는 오래다.

낚시광의 아내들치고 남편의 취미를 싫어하지 않는 이는 별로 없을 것이다. 그런데도 그이는 기회만 나면 의기양양하게, '우리 마누란 졸업시켰다'라고 말한다. 실은 난 그게 아닌데 말이다. 그저 어쩔 수 없이 체념한 척 할 뿐이다.

그가 곧 낚시를 떠날 것이란 것은, 며칠 전부터 얼굴을 보면 알 수 있다. 말할 때마다 얼굴 전체가 싱글벙글이다. 아니 몸 전체가 웃는 것 같다. 몸도 가뿐가뿐 지하실의 낚시창고를 오르내리며 나에게도 아이들에게도 더없이 친절해진다.

평소에도 씨-익 입이 크게 벌어지면서 이야기를 시작하면 틀림없이 낚시 이야기다. 어느 저수지에서 월척이 잡혔다거나, 어느 저수지에서는 향어가 나온다는 등의 이야기들….

한두 시간을 꼼짝도 안하고 낚시를 매며 준비하는 그

이의 모습을 보면 그토록 평안하고 행복해 보일 수가 없다. 아마 결혼생활 중 나보다도 낚시가 채워주는 즐거움의 몫이 그이에겐 더할지도 모른다. 그런 나의 공박에 그인 부정을 하며 그래도 마누라가 더 최고라고 아부를 해주지만 말이다.

결혼 후 거의 주말마다 그이를 낚시터에 뺏기며 억울하다는 생각이 짙어졌고, 취미는 함께여야 한다는 생각에 낚시를 배워보려고 따라도 가봤었다. 그런데, 따라가보니 내가 상상했던 것 같은 보송보송한 잔디밭에 텐트를 치고 쉬는 일은 할 수도 없었고, 날파리나 모기떼는 또 왜 그리 많은지 살성이 좋지 않은 나로서는 여간 고역이 아니었다.

그래도 참고 배우겠다며 조그만 두 칸 대낚 하나 얻어 열심히 떡밥 매달아 던지는 연습을 했고, 드디어 붕어를 한 마리 낚았었다. 짜릿한 손맛과 신기함에 저수지가 떠나가라고 소리를 치다가, 떠드는 소리에 붕어들 다 도망간다고 그이에게 잔뜩 혼이 났다.

게다가, 물고기가 잡혀도 큰일이었다. 낚시 바늘에 물

린 붕어를 떼어내려면 파드득 몸부림치는 놈을 손으로 잡는 것도 큰일이었고, 수건으로 싸서 떼어 보려 해도, 붕어보다 내 입이 더 아파 와서 나는 붕어를 낚시 바늘에서 떼어낼 수가 없었다. 그래서 붕어가 물릴 때마다 남편을 부르다가 귀찮게 한다고 또 한마디씩 듣기도 했다.

어느 날은 밤낚시의 고요와, 밝음이 오는 새벽이 너무나 아름답고 행복하다는 그이의 꼬임에, 새벽 물안개를 볼 욕심으로 아이들 재워놓고 낚시터로 따라 나섰다. 그러나 한두 시간이 지나고 나니 아이들이 깨어서 혹 엄마를 찾다가 울지는 않는지, 혹 도둑이 들지는 않았는지 이 걱정, 저 걱정에 맑은 뻐꾸기 소리도 잔잔한 호수의 별빛 가득한 아름다움도 모두 뒷전이었다. 아무리 참아보려 해도 점점 더 불안해진 나는 남편에게 사정사정해 집으로 돌아왔다. 그는 괜스레 따라 나와 남의 낚시만 망쳤다면서 다신 데려가나 보라고 화를 냈다.

그 뒤에도 몇 번의 시도를 해 보았으나 내가 낚시꾼이 될 소질은 영 보이지 않으니 억울해도 포기하는 수밖에 없었다. 그럼에도 그이는 지금도, 노부부가 함께 한가로

이 낚시하는 모습이 세상에서 제일 부럽다는 이야기를 가끔씩 한다. 아직도 아내를 낚시꾼으로 만들려는 계획을 포기하지 못한 것 같다.

바람피우는 남자가 오히려 가족에게 잘한다는 말이 있다. 그러고 보면 그이의 낚시도 완전 바람이다. 자리 비움의 미안함을 보상해주기 위해서일까? 낚시 떠나기 전에는 마누라 좋아하는 과일도 사다주고, 장인어른 찾아뵌 지 오래라며 함께 다녀오자 하는 그이. 그것만으로도 감사해야지.

어느새 창밖이 밝아지고 있다. 지금쯤 그인 어디를 달리고 있을까?

모두들 자고 있을 이 새벽에, 달리는 차 안에서도 싱글벙글 기대에 부풀어 웃고 있을 그이의 환한 얼굴을 떠올리며, 이미 낚시꾼의 아내로 길들여진 듯 슬며시 미소짓는 나를 발견한다.

부부夫婦 이심이체異心異體

이걸 아는데 왜 30년이나 걸렸을까? 진작에 알았더라면 서로가 좀 더 편하게 살지 않았을까?

결혼 후 30년이 넘도록 남편과 아이들을 기다리고 산 세월이 무척 많은 것 같다. 어느 주부나 그럴 것이다. 그런데 나는 늘 남편을 기다리고 사는 동안 곧잘 화가 나고는 했다. 아내와의 약속은 곧잘 무시당하기 때문이다. 식사를 집에서 한다고 했다가 준비해놓고 기다리고 있는 아내 생각은 아니하고, 다른 약속을 곧잘 하기 때문이다.

그래서 종종

'오늘은 부인과 약속이 있어 안 됩니다.'라고 거절하면 안 되냐고, 마누라와도 약속은 지켜야 하는 거라고, 바가지를 긁곤 했다.

어디 그것뿐인가? 퇴근길이거나 운동이나 낚시를 갔던 남편은 올 시간에 곧잘 늦곤 했다. 특히 집에서 밥을 먹는다 하고 늦게 들어오는 날은 화가 더 난다. 그냥 좀 늦는 것이야 어떠랴. 하지만 식사준비를 해놓고 기다리는 아내는 음식이 식어가 맛이 떨어지고 또 뎁혀야 하는 수고로움과 배고픔 때문에 더 화가 나는 것이었다.

오늘도 점심식사를 함께 하자고 했다. 한 시간 이상을 식사준비에 소비했다. 가지나물을 만들고 호박을 볶고, 생선을 구웠다. 보글보글 된장찌개는 물론이다.

아침식사를 대충 한 탓에 그 어느 날보다도 배가 고팠다. 전화로 확인을 했더니 30여분이 더 지나야 도착할 듯 싶었다. 모든 나물 반찬은 따듯할 때 먹어야 제 맛이다. 접시에 1인 분의 반찬을 고루고루 담았다. 그리고 혼자서 먹기 시작했다. 아버지표(아버지가 길러주신 야채) 싱싱한 재료들로 만들어서인지 참 맛있었다. 다 먹고 나니 포

만감과 함께 남편은 아직 도착 전인데도 행복했다.

그간 기다리며 화를 낸 까닭은 예전의 어머니들 교육이 잘못된 까닭이 아니었을까? 여자는 남자들 먹고 난 밥상에서 좀 늦게 그들이 먹다만 반찬들을 그야말로 먹는 것이 아니고 아까우니까 먹어 치우는 식사를 하도록 그동안 딸과 며느리를 가르쳤다. 찌개에도 어른(가장)이 먹기 전에는 먼저 숟가락을 담가도 안 되도록 배웠고 남자들이 잘 먹도록 시중을 든 다음에야 주부는 먹게 되는 식사 방법이었다.

그런 어머니들에게 배운 대로 남편이나 아이들이 먹고 난 후의 내 식사법. 그런 것들이 그간 나를 더 화나게 한 것은 아니었을까? 게다가 남편 혼자서 밥을 먹는 것을 싫어하니 기다렸다 곁에서 꼭 먹어야만 하는 걸로 알고 살았다.

제때에 식사를 하면 이처럼 맛있는 식사를 할 수 있었는데 왜 이리 오랜 시간 미련을 떨고 살았을까? 남편이 오면 식사할 때 곁에서 조금 더 먹는 척 해도 되고, 적어도 배고프며 기다리진 말았어야 했는데 말이다.

부부 일심동체란 말이 도대체 왜 나왔을까?

멋진 강가를 드라이브를 하면서도 나는 영화나 소설속의 비슷한 장면이나 멋진 대사들을 떠올리고, 강물 속에 비친 아름다운 단풍을 보며 어머니의 꽃무늬 한복을 떠올렸다. 이 멋진 풍경도 못보고 돌아가신 엄마의 가엾음에 가슴이 저려오기도 할 때, 남편은 강물 속에 어떤 종류의 고기가 살고 있을까?를 생각하고 수심의 깊이를 가늠하고, 어느 자리에 앉으면 대어를 낚을 수 있을까를 생각한다.

그런데 뭐가 일심이란 말인가?

진작에 누군가 가르쳐 주었더라면 좀 더 편한 삶을 살지 않았을까?

결혼해도 부부는 일심동체가 될 수 없지만, 사랑보다 더 소중한 가족이란 끈으로 이어졌으니 서로 이해하고 위하며 큰 욕심 버리고 살라고 말이다.

이 수필 한 편을 다 쓰도록 남편은 아직도 돌아오지 않고 식탁의 반찬은 주인을 기다리며 식어가고 있다.

좋은 문화, 여성의 역할

> 배우고 생각하지 않으면 오묘한 진리를 이해할 수 없고,
>
> 생각하고 배우지 않으면 위태한 사상에 빠지기 쉽다.
>
> — 공자

위의 글을 인용하며, 반경환 평론가가 요즘 시대 여성들을 우려하며 쓴 글이 생각난다. 우리나라도 이혼율이 점점 증가하고, 시댁에 잘하지도 않으면서 친정의 재산상속에는 사생결단으로 소송을 벌여 문중의 재산까지도 나누려 하는 딸들의 태도를 우려하면서, 진정한 페미니

스트를 잘 이해하고, 그 정신을 결혼할 때 지참금으로 가져갔으면 좋겠다는 글이었다. 작가의 말처럼 우리 여성들이 깊게 생각하고 행동해야만 좋은 문화가 만들어지지 않을까 하는 생각이 든다.

딸들이 동등한 유산상속자로 상속법이 바뀐 지 십수 년이 되었다. 부모님이 살아 계셔도 법이 바뀌기 전에 상속을 마쳐버린 집안의 딸들은 억울할 것이고, 상속받을 재산이 있는 집안 딸들은 속으로 '야호!'를 부르며 살아갈 것이다. 하지만 상속재산 못지않게 부모에 대한 부양 의무도 따른다. 재산이 많은 집이야 그 욕심으로라도 아들딸 동등함을 부르짖으며 자기 몫의 부양에 힘을 다하겠지만, 재산이 없는 부모가 걱정이다. 자식들이 서로 눈치를 살피며 부양을 기피하고 있으니 말이다.

그런 경우 딸들은 모르쇠하며 오빠가 아들이니까 하고 미루고 싶을 것이다. 그러나 그럴 때 어떤 며느리들이 기꺼이 부모를 모시겠는가. 그리하여 벌어지는 광경이 형제들의 부양 의무 회피이다. 아픈 부모로 인해 많은 집들의 형제자매가 의가 벌어지고 있다. 극단적인 개인주의로 흐르면서 양성 평등을 부르짖는 이 시대에 여성들이 자신의 이권만 내세우지 말고 진정 해야 할 일이 무엇인가를 깊이 생각해봐야 할 것이다.

나는 아직 연로하신 친정 부모가 살아계신다. 친정어머니는 돌아가셨지만 새어머니가 계시니 병원을 가신다거나 하면 시간이 있는 내가 두 분을 보살펴 드리는 편이다. 주위에서 효녀라는 소리를 가끔 듣는데, 실은 효녀는 못된다. 미룰 사람이 없어서 좀 더 역할을 할 뿐이다.

아이들이 결혼 후, 집에 다니러 오면 처음에는 외가가 가까운데도 인사를 다녀오란 말을 못했다. 바쁜 아이들에게 부담이 될까 싶어 겨우 명절에나 인사를 드리게 했었다.

그러다가 손자가 생기고 재롱을 떨기 시작하자 마음이 바뀌었다. 이처럼 눈에 넣어도 안 아플 것 같은 손자인데,

이놈들이 커서 제 아비한테만 인사 다니고 할미 할애비를 자주 안 찾아온다면 슬플 것 같았다. 그래서 이제는 외가에도 되도록 인사를 다녀오게 한다. 애들이 인사가면 바쁜데 뭘 왔냐고 하면서도 얼마나 반가워하시는지 모른다.

자식이 7남매나 되는데도 평소 얼마나 쓸쓸하시면 씨앗 값도 안 나오는 채소를 심어놓고 하루에 몇 차례씩 둘러보실까. 방울토마토나 상추가 나올 때면 봉지봉지 냉장고에 넣어놓고 누구라도 방문하면 반갑게 나눠주신다. 주고 싶은 것이 있을 때 더더욱 기다리실 것이다. 그 생각을 하면 눈물 난다. 나이가 들어가니 그 맘을 이제는 알 것 같다.

요즘, 어이없는 소식을 주위에서 가끔 들으며 나는 이만큼 살고 있음에 늘 감사하는 마음이다. 시댁을 무시하지 않는 두 며느리가 들어온 것에 감사하고, 며느리들이 제 남편을 존중하며 잘 대하는 것 같아 감사하고, 아이들을 둘씩이나 낳아 키우는 것도 감사하다. 또한 두 아들이 장모님을 잘 만난 것도 감사하다. 못된 장모들은 시시콜

콜 참견하며 사위의 잘못된 점을 지적하고 야단쳐서 부부 금슬까지 멀어지게 한다고 한다. 우리 집안은 그런 일이 없으니 이 또한 얼마나 감사한 일인가.

흔히들 며느리를 딸이라 생각하는 것은 착각이라지만, 딸이 없는 나로서는 정 붙일 곳이 며느리 말고 어디 있으랴. 그러나 너무 스스럼없이 대하다보면 서로 섭섭할 일이 생길 테니 적당한 거리에서 바라보며 지내고 있다. 크게 기대를 안 하면 실망할 일도 없을 것이다. 욕심은 되도록 버리고 주는 것에 행복을 느끼려고 한다. 또한 서로 예의를 지켜 거리를 유지하도록 나를 훈련시키며 지내는 중이다.

내 주위에 딸만 셋을 둔 여성이 있다. 세 사람의 장모인 셈이다. 그분은 딸들에게 늘 시댁이 우선임을 훈련시키고 있었다. 시댁에 잘 해라, 좋은 것 있으면 먼저 드려라, 명절에도 우선 시댁으로 가라, 주말에도 자주 시댁에 가라. 귀에 못이 박히도록 딸들에게 잔소리를 해댄다. 그래서인지 딸들이 시댁에 잘 하는 것을 본다. 차가 없는 시어머니가 장보려면 힘들다고 설탕이나 밀가루, 식용유 등 필수품들을 명절이나 제사 전에 미리 사다드린다고 한다. 주말이면 외식도 시켜드리고, 드라이브도 시켜드린다고 한다. 이처럼 친정엄마의 올바른 가르침이 우리의 효 문화를 지속되게 하리라.

요즘 젊은이들은 '시댁, 처가 동등하게'를 많이 실천한다. 남녀 동등시대니 그래야 당연할 것이다. 헌데 그 동등하게 때문에 멍이 드는 남성, 혹은 여성이 있을 것 같다. 내 생각에는 꼭 동등하게 보다는 좀 기우는 쪽에 더 잘했으면 하는 생각이다. 내가 이 나이까지 살다 보니 그런 생각이 든다.

젊어서 우리 시댁은 가난하여 생활비를 보내드려야 했는데, 친정아버지는 직장생활을 하시고 나보다 경제력이 나으시니 용돈 한번 제대로 못 드리고 살았다. 그때는 좀 속상하고 친정 부모님께 죄송했는데, 살다보니 시어머님은 일찍 돌아가시고, 그 후 20여 년이 지난 지금도 친정아버님이 살아계시니 용돈도 드리고 종종 외식을 시켜드릴 기회가 있다.

그러다보니 이제는 남편이 딱하다는 생각이 든다. 시부모님도 오래 사셨으면 좀 더 효도할 수 있었을 텐데, 어려운 시기에 고생만 하시다 가신 부모님이라 제대로 효도를 못했으니 말이다. 그이도 가끔씩 일찍 돌아가신 부모님 생각에 마음이 많이 아플 것이다.

딸을 둔 여성들께 부탁하고 싶다. 딸들에게 시댁, 친정 너무 따지지 말고 기우는 쪽에 더 좀 잘하고, 남편 기죽이지 말라고 말이다. 제일 행복한 것은 사랑하는 사람을 위해 고생할 때라고 하지 않았는가.

본인이 터득하기에는 너무 오래 걸린다. 좀 더 지혜롭게 살아가는 법을 부모들이 가르쳐줬으면 하는 바람이다. 그러면 우리 사회가 좀 더 밝아지지 않을까?

배려와 교육

명절 쇠고 아이들이 다녀간 지 이틀밖에 안되었건만, 긴 연휴로 시간이 넉넉했던 탓인지 남편은 "애들 오늘은 뭐하나?"하면서 또 보고 싶은 마음을 표한다. 손자 손녀들이 벌써 보고 싶은 것이다. 나도 손주 녀석들을 생각하면 귀여운 재롱이 어른거리지만, 보고 싶다고 자주 불러내면 아이들이 불편할 것 같아 참고 있는데, 남편은 자꾸만 만날 핑계를 찾는다. 핏줄은 그리 만나고 싶고 그리운 건가 보다. 그런데 성이 다른 며느리들이 끼어 있으니 어찌랴. 대부분의 며느리들은 시댁 식구라면 그저 불편하고 멀리만 하고 싶을 테니 말이다.

며칠 전, 지인들이 모인 자리에서 딸의 푸념을 전하는 부인이 있었다. 친정엄마가 아기를 돌봐주는데 사정이 생길 때는 시어머니에게 부탁을 한다고 한다. 그럴 때마다 아기를 시댁에 데려가서 봐주면 좋겠는데 꼭 며느리 집에서 보려고 하는 것이 불만이란다. 며칠씩 묵게 되는 것도 부담스럽고, 끼니때마다 식사 준비를 해드리는 것이 힘들다는 것이다. 시어머니는 겨우 빨래나 개고 밥은 안 하니 직장 다니는 딸애가 힘들다는 것이다. 게다가 한술 더 뜬다. 직장이 가까워 점심시간에 집에서 밥을 먹어도 되지만, 시어머니 점심 차려드리기 힘들어 밖에서 해결하고 만단다.

곁에서 듣다보니 화가 울컥 치밀었다.

"그렇게 불만스러우면 아기를 봐 달라고 하지 말지?"

"어떡해요. 다른 데 맡길 데가 없으니……."

"그럼 좀 불편한 거 감수해야지. 요즘 며늘애들 참 큰일이야~~."

"딸이 없어서 화가 나시나 봐요."

글쎄, 딸이 없어서 더 화가 나는지 모르겠지만 남의 일 같지가 않았다. 내 며느리도 똑같은 생각을 한다면 참 재미없는 세상이라는 생각이 며칠째 뇌리에서 사라지지 않는다. 요즘 젊은이들은 어찌 그리 자기들 편한 대로만 생각할까? 그 애기엄마도 내가 아는 한 착한 사람이다. 어렸을 때부터 봐왔지만, 늘 웃는 얼굴의 선한 처자다. 그렇다면, 그 어머니의 교육에 문제가 있는 것이 아닐까?

그 혼자 사는 시어머니 입장에서 생각해보니 딱하기 그지없다. 어렵게 살던 시절 혼자되어 아들 공부시키고 결혼시켰더니 겨우 나이든 시어미에게 아기나 봐 달라 하고, 봐 주는 것이 고마운 것이 아니라 시어미 밥 차려 바치기 힘드니 자기 집 데려가서 안 봐준다는 투정. 혹여 딸내미의 그런 투정이 있어도 친정엄마가 바르게 가르쳐야 하는 게 아닐까? 나도 며느리 노릇을 해보고 지금은 시어미가 되었지만, 아무리 세대 차이라고 해도 쉽게 이해되지 않는다. 시어미 입장에서 이제는 억울하다는 생각이 짙을 뿐이다.

나도 한 학기 동안 며느리 집에 가서 매주 1박 2일 동안 손자의 육아를 도운 일이 있다. 며느리를 좀 더 편하게 해주려면 집에서 출퇴근했어야 하지만, 하루 종일 아이랑 놀다보면 지쳐서 며느리 집에서 하룻밤을 보내곤 했다. 아이가 낮잠 자는 동안에는 빨래도 돌려야 하고, 깰까봐 살금살금 돌아다니며 방도 닦아야 하고, 시어미는 시어미대로 수고해도 며느리 눈에는 아무 것도 안한 걸로 보였을 수도 있지만 나름 힘들었다. 이튿날 새벽운전도 힘들고 하루를 잤던 것이다.

하지만 그때를 돌이켜보면 내 며느리는 귀찮아하지 않고 진정 고마워했다.

"애기 잘 때는 곁에서 어머니도 좀 주무셔요, 피곤하신데. 그래야 애기도 오래 자지요."

내 며느리는 진심이었고, 그러지 말라고 해도 아침이면 국이라도 끓여놓고 출근하려고 애쓰는 모습이 기특했다. 그런데 내 며느리도 어머니가 집에서 다녔으면 하고 생각했을까?

참으로 어려운 사이가 고부 사이이다. 이번 명절에도 아들이 설거지하겠다고 나서는데 내 부엌이니 내가 하는 게 편해서 "엄마가 할게." 했더니 며느리가 일어나 주방으로 온다. 그럴 때는 또 아차 한다. "그럼 애비가 하렴. 우린 쉬자." 이처럼 고부 사이는 서로 눈치가 보이는 사이인가 보다. 아직은 기운도 있고 경제력도 있으니, 되도록 아이들에게 부담을 주지 않으려고 노력하며 산다. 하지만 어디까지 배려해주고 어떤 것을 가르쳐야 하는지 초보 시어머니는 머리가 아프다.

오자마자 임신한 며느리들이어서 결혼한 지 5년이 넘었지만 아직 밥상다운 밥상을 안 받아 봤는데, 교육도 시킬 겸 돌아오는 내 생일에는 밥 좀 시켜봐야 할까? 식당에서 사주는 밥이라도 황송하게 받아먹어야 할까? 생각이 많다. 허나 아직 어린 손자들이 있으니 밥상을 받기는 아무래도 먼 이야기인 듯하다.

어머니 말씀이 옳았습니다

긴 장마에 태풍과 함께 사방에 몰아쳐온 비바람은 올 여름에도 어김없이 또 한바탕 물난리를 치르게 하였다. 산사태가 나서 집이 무너져 내리고, 많은 길들이 파손되었다. 논밭이 침수되어 농사지은 많은 곡식들이 큰 손실을 가져오고 공사 중인 건축물들이 무너져 내리기도 했다. 또한 곳곳에서 침수에 정전까지 되어 밤을 지새우기도 했다는 뉴스를 접해야만 했다.

그 중에도 제일 가슴 아픈 일은 물이 불어난 냇가에서 10년 전 큰 아들을 잃은 분이 똑같은 장소에서 하나 남은 작은 아들을 또 잃었다는 것이다. 자전거를 타고 길을 건너던 아들이 물살에 넘어져 떠내려가는 자전거를 붙잡으려는 사이 함께 쓸려 내려갔다. 그 길로 죽음으로 떠내려가는 아들을 바라보며 발만 동동 구를 수밖에 달리 방도가 없었던 그 어머니의 마음이 어떠했을까? 남편도 없이 두 아들을 의지하고 살던 분이 차례로 두 아들까지 잃게 되었으니 이제 무슨 낙으로 남은 세상을 살아가야 할지 TV 방송을 통해 보는 이들을 가슴 아프게 하는 장면이었다.

그래! 그렇게 세상은 예기치 않은 일들로 원치 않는 방향으로도 흘러가는 것이다.

결혼 초였다. 어머님은 종종 내게 말씀하셨다.

'애비는 이 다음 잘 될 꺼다. 아버지가 닦아놓으신 덕에 잘 될 게야.'

그때는 그 말씀이 별로 귀에 와 닿지가 않았다. 아니, 오히려 반감을 가졌다는 표현이 맞을 것이다. 우리가 결혼하기 전에 아버님은 이미 돌아가셔서 뵙지도 못했을 뿐 아니라 아버님이 착하셨다는 이야기는 주위 분들을 통해 가끔 들었으나, 큰 덕을 베풀 만큼 부자도 아니었기에 내 좁은 소견으로는 그 말씀이 그다지 마음에 들지 않았었다.

거기다가 신혼 때부터 가난과 싸우며 사느라 나는 몹시 힘들었기 때문이다. 그때 남편의 봉급으로는 어머니와 동생과 조카들까지 생활비를 나누어 쓰기가 힘들어 생각다 못해 아이를 등에 업고 작은 가게를 하며 돈을 벌어야만 했었다.

아이를 재우다 함께 잠이 들면 한숨 자고나서야 일어나 밤 두세 시에 기저귀를 빨아 널어야만 했고, 종종 젖먹이 아이를 떼어 친정이나 시어머니께 맡기고는 서울로 물건을 구입하러 다닐 때, 불어난 젖이 아파 화장실 찾아다니며 젖을 짜내어 버리고 겪어야 했던 고통이나, 힘들어 아기가 유산이 되기도 했던 아픔도 있다.

한번은 밤 12시가 다 되어 손님들 모두 가고 가게 문을 닫으려는데 아이가 없었다. 그제야 정신 차려 확인해보니 언니 집에 맡긴 걸 잊고 데려오지 않은 것이었다.

그토록 정신없이 바쁘고 힘들게 살면서 남편의 공부를

돕던 나는 남편이 잘 되면 뒷바라지한 내 공으로 삼고 싶었을 게다. 그러기에 어머니 말씀이 맘에 안 들었겠지.

그러나, 지금 이만큼 살아가며 이제 와서 느끼는 게 어머님 말씀이 옳았다는 생각이다. 이 세상의 이치가 어찌 노력으로만 되는 것인가?

아이들도 공부 열심히 안 했어도 지방대학이나마 둘 다 재수 안 하고 첫 해에 들어가 주었고, 특별히 해 먹인 거 없어도 건강하게 군대 생활 잘 마치고 돌아와 주었다. 게다가 이제 나름대로 취업에 결혼까지 하였으니 이 얼마나 감사한 일인가?

가족 모두 큰 욕심 안 갖고 이만큼에 감사하며 건강하게 열심히 살아가고 있으니 이게 다 돌아가신 아버님, 어머님이 착하게 사신 덕인가 싶다.

장마철에 돌아가셔서 제사에는 곧잘 비가 온다. 이번 기일에도 어김없이 비가 쏟아지던 날, 제사상을 차리며 어머님과의 이런 저런 일들을 생각해 본다. 그리고 감사하는 마음을 갖는다. 그러면서 우리는 지금 그분들 보시기에 부끄럽게 살지는 않는지 내 모습을 반추해본다.

술잔 속의 터득

남편의 하룻밤 출장이 이리도 날 공허하게 만드는 것일까? 불과 한 시간 전에도 통화를 했었는데 집안이 온통 텅 비인 것만 같이 허전하다.

이런 날에는 혼자 사는 친구들이 하나하나 생각난다. 남편을 일찍 보낸 친구들, 아직 결혼도 하지 않은 친구들, 그들은 이 많은 시간들을 어찌 보내고 있을까?

예쁜 잔을 꺼내어 과실주 한 잔을 가득 따른다. 매실, 인삼, 대추, 구기자, 더덕, 또 무얼 넣었다 했나? 아홉 가지 넣었다 했는데. 솜씨 좋은 친정어머니가 아들, 사위

주려고 만든 약술인데 우리집은 사위대신 딸 몫이다. 노릇노릇한 빛깔, 새콤달콤하며 싸아한 특유의 맛을 천천히 음미하며 마셔본다. 짜르르 온몸으로 퍼지며 금방 나른해져 온다.

술 한 잔에 이렇게 기분이 좋아질 수 있다는 것이 너무나 신기하고 좋다. 어딘가 공중에 떠오르는 듯도 하고 책장의 책들과 텔레비전이 왔다갔다 하기도 하며 거실 한켠에 서있는 행운목도, 군자란도 모두 움직이고 있다. 그러면서 미안하게 떠오르는 H여사를 생각한다.

한 30여전 전쯤이다. 새 아파트에 입주한 사람들은 대부분 젊은 사람들이었고 복도식의 아파트라 같은 층의 사람들끼리는 자주 마주치곤 했다. 자주 마주치면서 가까워져 차도 마시고 더러는 집집이 돌아가며 국수도 삶아먹으며 친목을 도모했다. 특히 바지런하고 매사에 똑똑한, 그래서 우리 3층의 상담교사 역할을 하는 3호집 여선생이 방학을 하면 아파트 3층은 더욱 활기가 넘쳤다.

더운 여름날엔 담소를 즐기며 맥주 한 잔씩을 하기도 했는데 그녀만큼은 맥주도 과실주도 아닌 소주를 마시고는 했다. 그런 그녀를 보며 나머지 여자들은 그를 조금은 기이한 눈길로 바라봤다. 쓰디쓴 소주를 입에 대보고 진저리를 쳐본 경험이 한번쯤은 있기 마련이고 그러기에 대부분 얕은 생각으로 소주를 즐길 수 있는 여자는 왠지 잘못(?)되어가고 있는 사람으로 착각되기도 했으니까.

하지만 사귈수록 토속적인 매력을 가진 그녀였다. 같은 된장국도 그녀가 끓이면 훨씬 더 맛이 있었고 잠깐 사이에도 겉절이나 나물무침, 시래기 된장찌개 등 여러 반찬을 맛있게 만들어내는 재주를 가진 솜씨꾼이었다.

살림도 항상 깨끗하고 알뜰히 살았고 아이들에게도 지극 정성을 다 하는 여인이었다. 아이들 담임선생님에게도 여선생일 경우엔 김치를 담가 선물한다든가 된장찌개에 몇 가지 반찬만로도 집으로 초대를 한다든가, 간단한 식탁으로도 쉽게 누군가를 초청할 수 있는 그녀의 순수성은 가끔씩 나를 감격시키곤 했다.

그 즈음 저혈압인 내게 가끔씩 높은 도수의 술을 먹어주는 것이 좋다는 의사의 처방이 있었다. 기운이 없는 날엔 맥주 한 잔씩 하던 것이 의식적으로 소주를 입에 대기 시작했고 거듭됨에 따라 한두 잔에 배부른 맥주보다 한 잔에도 쉽게 혈액을 자극할 수 있는 소주에 매력을 느끼며 길들여지기 시작했다.

이렇듯 허전한 날이나 비오는 날, 괜시리 우울해질 때에 한 잔 술은 더없이 좋은 친구가 되기도 하였다. 어쩌다 회식이 있는 날 소주 한두 잔쯤은 서슴없이 받아 마시는 나를 기이한 눈길로 바라보는 시선을 의식한다. 그때 난 미소지으며 생각한다.

'하하 예전엔 나도 그리 생각 했었다우. 이 소주 맛을 알기 전에는 말이우.'하고 마음으로 변명하고는 한다.

또 하나는 내가 이해하지 못하며 못마땅해 하던 것이 있다. 화투놀이를 하는 사람들을 보면 늘 한심스럽게 생각하며 못마땅해 하곤 했다. 오락이고 놀이로 생각하며 즐기는 사람들에 비해 고지식(?)한 내 사고방식은 돈이 오고가면 노름이지 그것이 어찌 오락일 수 있겠냐 싶어 오랫동안 내 사고를 바꾸지 못했다. 친구들이나 동료들과 어울리는 것을 좋아하는 남편과 결혼 초엔 그로 인해 종종 마찰이 생기곤 했다.

집에서 남편의 손님을 초대하는 날, 식사 후 부득이 화투놀이를 하게 되면 아이들에게 그 모습을 보여주기 싫어 아이들을 이모집으로 보내고는 했던 까닭을 남편은 아직도 모를 게다.

그런데 지난 해 친정아버지 생신날이었다. 오랜만에 딸 사위 모두 모여 담소를 즐겼는데 분위기 조성을 잘 하는 남편은 식구들에게 월남뽕을 가르쳐 준다고 모두 모이게 했다. 화투의 짝만 맞추면 누구나 할 수 있는 쉽고 간단한 놀이였다. 돈을 따려다가 되려 바가지를 쓰는 것이 너무 재미있어 배꼽을 잡고 웃으며 즐거운 시간을 보냈다.

그후 휴가철이 되어 몇 집 부부가 모인 자리에서도 그 놀이를 하였는데 모두들 재미있어 했다. '3'과 '풍'이 들어가면 삼풍이라고 우수수 털어낸다거나 몇 가지 규율을 정해놓으면 더 재미있다고 알려주는 사람이 있어 그리했더니 더 즐거웠다. 돈을 따서 즐거운 것이 아니고 돈을 따려다 바가지를 쓰는 사람의 표정이 재미있고 그 재미있어 하는 표정들을 보는 것이 재미있었다. 크게 노름으로 안 하고 놀이로 단 돈 몇 천원씩만 한다면 아주 즐거운 놀이였다.

그렇게 나도 즐길 수 있는 놀이를 남들이 돈을 갖고 노는 것은 모두 노름이라고 단정짓고 무조건 싫어했으니 그도 미안한 일이다.

그 뒤 살아가며 그러한 경험들이 나에게 큰 도움이 되었다. 급하고 남의 단점을 보면 꼬집고 싶어 나의 편협적인 성격들을 고치도록 노력했다. 나의 고지식한 성격으로 인해 그동안 상처를 입었거나 힘들었던 사람들에게 미안하다는 생각을 해보는 날이다.

낮에 집에 있는 여자

창밖의 볕은 따사로운데 나는 움츠린 몸으로 혼자 거실에서 난로 불을 쬐고 앉아 있다. 바보처럼 앉아 TV 채널 돌리다가 그것도 짜증이 나면 라디오를 튼다. 라디오에서 진행되는 프로도 유익하지만 중간에 간간이 들려주는 음악들이 대체로 선별된 아름다운 곡들이라 내 마음을 감미롭게 해준다. 그렇게 혼자 즐기며 있다가 가끔씩 따르릉 하는 전화 벨소리에 순간 깜짝 놀라 전화를 받는다.

'당첨되신 것 축하드립니다. 귀하의 전화번호가 오늘 당첨되셨는데요. 여기는 인삼조합이거든요. 무료로 저희

상품을 보내드릴 텐데요. 세금은 부담하셔야 되는 것 아시지요?……"

듣다 말고 대꾸할 기력도 소모하기 아까워 수화기를 힘없이 내려놓는다.

어제는 어느 화장품 회사 전화를 그와 비슷하게 받았다. 어제 뿐인가. 틈틈이 걸려오는 전화들…… 무슨 여론조사 전화 등등 어쩌다 걸려오는 전화지만 낮에 걸려오는 전화는 대부분 그런 쓸데없는 전화들 뿐이니 이젠 그것도 짜증이 난다. 순간 얼마 전 유행하던 말이 떠오른다. 한낮에 전화 걸었을 때 집에 있는 여자는 병든 여자거나, 남의 남자 기다리는 작은 댁이거나, 돈 없는 여자거나, 성깔 더러워 누가 함께 놀아주지 않는 여자라고……

아닌 게 아니라 병을 얻게 되니 병원 가는 일 말고는 점점 외출을 삼가게 되고 집에만 있게 된다. 쉬엄쉬엄 빨래와 집을 치우고 나머지 시간엔 휴식을 취해 에너지를 충전해야만 꼭 필요한 외출을 하게 되니까.

지난 해 여름 제주도 여행을 갔었다. 친정 부모님을 모시고 언니, 여동생, 우리 내외 모두 여섯이서 렌터카 하나를 빌려 사흘 동안 제주 시내를 관광했다. 여든이 넘으신 아버지를 위한 효도 관광이었다. 딸들이 부모님 모시고 여행을 했더니 무척이나 기뻐하시더란 친구 이야기를 듣고 우리 형제들도 부모님과 여행을 하기로 하였다.

선생인 언니를 동참시키느라 더워도 할 수 없이 방학을 이용하게 되었다. 딸 셋이서 모시고 다녀온다 했더니 못미더워하는 남편이 기사로 자청하며 따라 나섰다. 8월의 무더위이기도 했지만 다른 사람보다 나는 유독 더위 때문인지 힘이 들었다. 남편의 동행이 처음엔 반갑지 않았는데 내가 따라만 다니기도 힘이 들게 느낀 후에야 운전을 맡아 해주며 동행해준 남편이 얼마나 다행스럽고 고마운지. 여러 번 제주 여행을 갔었던 남편 덕택에 맛있는 식당을 찾아다니며 다양한 메뉴로 식사를 할 수 있었고, 저녁이면 오징어 잡이 배의 불꽃이 환히 바라보이는 곳에서 시원스레 해수 사우나도 할 수 있었다.

가는 곳마다 아! ~ 하며 감탄사를 우리보다 몇 곱절 연발하시는 부모님을 보며 힘든 것도 잊은 채 행복한 사흘을 보내고 돌아왔다.

그런데 한달쯤 지났을까? 점점 피곤이 몰려오고 기운이 딸려 수영을 못하겠더니 몸무게가 5kg이나 빠졌다. 처음에는 녹차를 많이 마셔 체중이 준다고 좋아했는데 너무 좋아할 일이 아닌 듯했다.

지난 6월에도 자고나면 입안이 쓰기도 했고 자연스레 물을 많이 마시게 되니 당뇨를 의심하게 되었다. 내과에서 당뇨와 여러 가지 진찰을 해봤는데 이상은 없었다.

함께 수영하는 친구에게 요즘 증세를 이야기했더니 빨리 갑상선 검사를 해보라고 권했다. 갑상선 암으로 판명받은 자기 언니와 증세가 너무나 똑같다고. 즉시 병원에 가서 갑상선 검사를 의뢰하였더니 닷새 후 결과가 나왔는데 역시 갑상선에 이상이 있었다. 갑상선 기능 항진증이라는 진단을 받았다. 갑상선 호르몬이 과다 분비되어 피곤하고 체중이 주는 것이라 했다. 2년쯤 약을 먹어 나을 수도 있고, 아니면 평생을 약을 먹어야 한다고…… 너무 무리해도 안 되고 스트레스 받아도 안 되고 힘든 운동도 안 되고……

기운만 없었지 멀쩡하던 내가 의사의 말 한 마디로 그날부터 환자가 되었다. 자고 나면 손과 얼굴에 부종을 느끼게 되었고 틈만 나면 기운이 없는 듯해서 누워야 했다. 조금만 피곤하면 목에 염증이 와서 말도 많이 못하게 되자 삶이 훨씬 덜 행복했다. 인터넷으로 갑상선에 관한 정보를 찾아보고 발견되지 못한 또 다른 병은 없는지 좀 더 큰 병원을 전전하며 보내는 시간은 몸보다 마음이 더 힘들고 지쳤다. 많은 사람이 앓고 있는 흔한 병이라고는 해도 나에게는 생소한 병이었고 또한 무서운 생각도 들었다.

몇 년 전 한의원에서 자주 만나는 한 여선생이 있었다. 그녀는 갑상선 암을 앓고 있었는데 며칠 안 보이더니 사망했다는 소식이 들렸다. 힘들어 출근 못하겠다고 해서 아래층에 사는 부모님이 아이들 학교 보내고 올라가 보니 숨져 있더라고……

그후 나는 갑상선에 관한 병을 무섭게 생각하게 되었고 그래서 더 겁이 나는지 모르겠다.

그러나 마음을 바꾸기로 했다. 모든 욕심을 버리면 편해진다 했지 않는가. 내 나이 쉰 셋, 그 나이에 친정어머니는 세상을 뜨셨는데 이 조그만 장애에 내가 움츠려서는 안 되지. 나는 매일 아침 거울을 보며 다짐한다. 지금부터는 덤으로 사는 삶이야. 지금 이만한 것에 감사하며 살자. 작은 장애들은 겸손하게 살라는 신의 선물인 거야.

남편이 해외로 출장을 떠난 사이 집수리를 시작했다. 남들은 아픈 사람이 대충 살지 무리한다고 말렸지만 나에게는 변화가 필요했다. 거실 도배를 하고 바닥에 마루를 깔고 하얀 색으로 싱크대를 바꾸었더니 그것만으로도 제법 집과 마음이 밝아졌다.

그래! 이렇게 내 마음도 산뜻하게 바꾸는 거야.

거울을 본다. 부기로 눈두덩이는 주름살이 많이 없어졌다. 엊그제 친구 하나가 눈이 왜 그리 부었느냐 묻기에 주름살 펴려고 보톡스 주사를 맞았다고 했더니 옆에서들 깔깔 웃었다.

밖을 향해 팔을 벌리면 창밖의 따스함과 푸름이 온통 내게로 달려온다. 이렇게 아름다운 날들인데 기운을 내자. 따르릉…… 전화벨이 울린다.

"요즘 낮에 집에 있는 사람도 있네? 빨리 산책 가게 나와요."

"후후. 병든 넌 아니우. 그래요. 나갈게요."

연초록의 잎들이 오늘 따라 유난히 아름답다.

다림질을 하며

이것도 나이 탓일까? 한숨 자고 나면 다시 잠들지 못할 때가 더러 있어 뒤척이다가 거실로 나왔다. 보름이 가까워서인지 등을 안 켜도 거실까지 환하다. 창밖의 싱그런 밤바람을 잠시 쏘이고 나서 무얼 할까? 잠시 생각한다. 한밤중에 TV를 켜면 소리를 작게 해도 가족들에게 방해가 될 때가 있으니 이런 때는 대부분 책을 보거나 다림질을 하게 된다.

오늘 새벽에도 아들의 옷을 다림질하며 여러 가지 생각들을 떠올린다. 체육을 하는 남편에 이어 아들 또한 체육을 전공하게 되었으니 두 남자에게서 나오는 빨래들이 여간 많지가 않다. 나는 전업주부이니 빨래가 귀찮다는 생각을 하면서도 감당을 하지만, 맞벌이들은 과연 어찌 해결할까 싶어, 며느리 될 애가 걱정이 된다.

내가 결혼하기 전, 친정엄마께서 결혼을 반대하는 이유 중 하나가 체육을 전공한다는 것이었다. 늦은 나이까지 운동장 수업하는 거 힘들고, 빨래 또한 많아서 네가 고생스러워 안 된다는 거였다. 하지만 그 사람이 없으면 못 살 만큼 정이 든 때였고, 빨래를 좋아하던 나는 그까짓 빨래쯤은 많다 해도 문제가 안 되었다. 하지만 살면서 가끔씩, 너무 많은 빨래 때문에 '어휴!' 싶은 날이면 어머니의 그 말씀이 떠올라 미소 지으며, 나의 선택에 대해 힘을 내고는 한다.

세탁기가 빨래를 다 해주는데 빨래를 힘들다고 여긴다면 웬 엄살이냐고 하겠지만 천만의 말씀이다. 세탁기가 빨래를 한다 해도 널기와, 걷기, 개키기 등 손이 많이 간다. 빨래를 할 때에도, 흰옷과 색상의 옷을 구분하고, 손빨래와 세탁기용을 구분해서 차례차례 해야 한다. 요즘 옷값 또한 얼마나 비싼가? 손빨래를 살살 해 널면 오래 새옷처럼 입을 수 있는 것을 세탁기를 돌리면 금방 헌 옷이 되고 만다. 또한 세제를 아끼려면 손빨래 한 비눗물이 깨끗한 경우에는 세탁기에 부어서 재활용해야 한다. 번거로움에 귀찮기도 하지만 환경을 생각하면 당연한 일이기도 하다. 그리고 세탁기가 한 빨래들은 다시 큰 그릇에 물을 받아 훌훌 털어 한두 번 헹구어 줘야만 깨끗해진다. 바쁘게 살 때에는 세탁기로 한두 번 더 헹굼을 시킨 후 널어버렸지만, 손으로 하나하나 헹구어 버릇한 뒤로는 꼭 손으로 헹구어 널어야만 빨래처럼 마음도 개운해졌다. 그건 내가 특별히 깔끔해서가 아니고 하나의 습관이나 버릇일 게다.

직장 때문에 따로 나가 있는 작은 녀석이 집에 다니러 올 때에는 빨래할 셔츠를 다섯 장쯤 들고 들어온다. 만남의 기쁨과 함께 속으로는 어휴! 싶지만 그도 아니면 집에 올 일이 적어질 터이니 내색도 못하고 반겼다. 제 볼 일로 집에 한참 못 올 때에는 세탁소에 종종 맡겼던 탓에 세탁하면서 보면 새옷인데도 때깔도 안 나고 솔기들이 많이 낡아 있음을 발견한다. 이처럼 주부의 정성은 곳곳에 스며야만 하는 것이다.

요즘 젊은이들은 모두들 맞벌이 부부들인데, 바쁜 그들이 과연 어떻게 처리하며 살까? 빨래뿐이 아니고 식사준비도 그렇고, 아이들이 결혼할 나이가 되니 무척 걱정이 된다. 백화점의 반찬 코너에 있는 겉으로만 화려한 메뉴들이 내 아들의 식탁에 올려지게 될 것인지……, 모든 빨래는 세탁소로 총 출동을 할 것인지…….

오늘 나를 서성이게 하는 것들

두 아이들 혼사를 두어 달 간격으로 잇달아 치를 형편이 되었다. 큰아이가 직장을 늦게 갖게 된 때문이다. 둘 다 미리부터 교제한 여성이 있었고 작은아이는 일찍 직장을 잡아, 결혼을 먼저 서두르는 바람에 어쩔 수 없이 겹치기 혼사가 되고 말았다.

한복을 맞추고 예물을 보러가며 가끔씩 예쁜 두 예비 며느리들을 대할 때면 착하고 똑똑한 며느리들과 한식구가 된다는 기쁨에 마음이 설렌다. 하지만 한편 걱정스러움도 생기곤 한다. 내가 어른노릇을 잘 해야만 할 텐데하는 노파심이다.

인터넷에서 보면 팔불출 중의 하나가 '며느리를 딸로 생각하는 것'이라고 떠드는 걸 보면 대부분 며느리는 딸과는 영 다르다는 이야기인데 딸이 없는 나로서는 딸처럼 의지하고픈 마음이 커서일까? 그 말이 섭섭하기 그지없다.

지금은 며느리 될 아이들에게 무얼 주어도 안 아깝고 예쁘기만 한데 딸처럼 생각하면 안 된다니 내겐 참으로 그 말이 슬픈 말로만 들린다. 진짜 딸로는 안 되겠지만 적당한 거리에서라도 어찌하면 그 아이들과 잘 지낼 수 있을까를 종종 생각하게 된다.

예전에 나의 친정어머니도 시어머니인 우리 할머니를 별로 좋아하지 않으셨다. 이유는 큰며느리에게 주권을 빼앗겨 작은 아들네인 우리 집을 전혀 챙겨주지 못한다는 불만이었다.

너무도 가난하게 살던 시절, 시댁에 도움을 받고 싶은 맘이 오죽했겠는가? 하지만 시댁에서 살림나며 숟가락 몇 개 들고 나온 게 다였다는 섭섭한 이야기를 여러 번 하셨다. 가을 추석이면 그 흔한 감 한 접도 얻지 못하고 반 접을 얻어들고 오며 많은 아이들을 먹이고 싶은 욕심에서 그도 화가 났던 나의 어머니셨다. 명절을 쇠고 오면서도 당연히 돌아올 때면 커다란 보따리는 장손인 사촌오빠네 보따리였고, 그 곁의 작은 보따리는 막내아들인 우리집의 보따리였으니까 그 원망이 어쩌면 몽땅 할머니에게로 갔었나 보다.

나 또한 시어머니를 별로 좋아하지 않았다. 재산은커녕 빚을 물려주었고 한동안은 조카까지 나의 부양가족이 되어야만 했으니 생활고의 원망은 자연스레 시어머니에게 갈 수밖에 없었다.

이런 저런 상황을 볼 때, 사이가 멀어진 대부분 이유는 경제적인 것 때문이 아니었을까? 그러면, 지금의 나는 며느리들에게 도움을 받지 않아도 될 입장이고, 또한 아이들도 경제적으로 그리 힘들 것 같지 않으니 사이가 나빠지지 않고도 지낼 수 있지 않을까 하고 은근한 기대를 가져본다. 이 또한 나의 희망사항으로 그칠지.

아이들 둘이 추석 선물겸 결혼선물로 샀다는 커다란 안마의자가 배달되어 왔다. 아버지가 종종 허리가 아프다고 주무르라 하면 농담도 해가며 안마를 해드리던 녀석들이 이젠 떠날 준비를 단단히 한 것이다. 남편은 '허 이거 참 좋다. 녀석들 생각 잘 했네' 하며 맛사지를 받는 동안 곁에 있는 나는 또 왜 이리 쓸쓸해져 가는 것일까?

며칠 전에는 큰아이가 말한다.

"이 다음 두 분 중에 누가 먼저 돌아가시든 혼자 남게 되는 분은 제가 꼭 모실 거예요. 둘이 이야기 했어요. 그 대신 처갓집 부모님도 마찬가지로 한 분 남게 되면 모시자고 했구요."

그때 가서 함께 살지 않는다 해도 우선은 그런 마음 씀이 고마운 일이다. 고맙다고 아들에게도 말했다. "이 다음 부모님 모시고 살래?"했을 때 "그때 가봐서요"라는 말보다 결혼을 앞두고 시키지도 않은 다짐을 서로 그리했다 하니 얼마나 기특한가.

남들이 어쩐다는 이야기는 잊자. 그저 착하고 예쁜 딸들이 우리 집에 들어오는데 반갑게 맞이하고, 예뻐해 주

자. 나에게 가장 가까운 촌수의 아들이 제일로 좋아하는 사람이라는 이유만으로도 그들에게 잘해주고 사랑해야 하지 않는가.

그저 형제들이 지금처럼 오순도순 사이좋게 나눔을 알며 서로 사랑하고 보듬으며 넉넉한 마음으로 상대를 배려하도록 가르쳐야지.

혼사를 앞두고 이런저런 많은 생각들이 오늘의 나를 서성이게 한다.

그 눈빛이 사랑이었을까?

초여름, 오후 햇살이 기울기 시작할 무렵, 학교 옆 자운영이 핀 풀밭에서 초등학교 3학년의 살결이 뽀얀 조그만 여자애였던 나는 토끼풀을 뜯고 있었다. 고기가 흔치 않던 그 시절에 토끼는 우리 집의 유일한 동물성 식재료였다. 그로 인해 딸들이 당번을 정해가며 매일 토끼풀을 뜯어다 먹여 길러야 했다.

그날도 오후수업을 마치고 친구들과 헤어진 뒤, 콧노래를 부르며 아름다운 자운영 꽃밭에서 그날 목표량을 바구니에 채우고 있었는데 어디선가 휘파람 소리와 함께 인기

척이 느껴졌다. 돌아봤더니 밭둑 저만치서 반장인 남자애가 책보자기를 둘러 멘 채 서서 짧은 휘파람을 불며 날 바라보고 있었다.

저 애가 언제부터 여기 서있던 것일까? 주변을 둘러보니 사람이라고는 그 애와 나 단 둘 뿐이었다. 해가 저물 무렵이라 그랬을까? 문득 무섭다는 생각이 스쳤다.

"왜?"

"그냥…"

그 반장 애의 집은 학교에서 풀밭과는 정반대 방향이었다. 그런데 저 애가 왜 저기에 와 서있는 것일까? 학교 관사에 살던 나도 집에 가려면 그 애가 서있는 곳을 지나야만 했다. 바구니는 채워지지 않았지만 더 이상 토끼풀 뜯기를 계속할 수 없었다. '어서 빨리 저 애를 피해 집으로 가야 해'라는 생각만이 들었다.

하는 수 없이 그 애가 서있는 쪽으로 발을 옮기며 그 애를 살폈다. 그 애의 눈빛이 붉었다. 아니 얼굴이 붉었는지도 모른다. 왠지 모를 두려움이 어린 가슴을 콩닥거리게 했다. 토끼풀 바구니를 단단히 옆구리에 추켜들고 그 애가 서있는 밭둑을 지나면서 걸음아 날 살려라 집으로 뛰었다.

그 뒤 학교에서, 반장 애와 부반장이었던 나와 둘이는 왠지 좀 서먹한 관계가 되었던 것 같다. 그리고는 이듬해 아버지의 전근으로 난 공주로 전학을 왔고 그 애는 내 기억 속에서 까맣게 잊혀졌다.

지금은 이름도 잘 기억되지 않는 그 애다. 이름이 변진섭일까? 생각을 해봤는데 그건 가수 이름이잖아? 어쩌면 그 비슷한 이름을 내가 착각하는지도 모른다. 아마도 비슷한 이름일 확률이 더 높다는 생각이 든다.

몇 해 전부터 남편과 드라이브 삼아 온천을 하려고 도고 쪽으로 가게 되면 벚꽃이 운동장 둘레에 멋지게 피어있던 그 교정이 보고 싶어 그쪽으로 방향을 돌리고는 한다. 그럴 때마다 그 밭둑에 서있던 3학년짜리 소년이 떠올랐다. 그 아름다운 분홍빛 자운영 풀밭에 서 있던 그 애는 그때 날 좋아했던 것이었을까? 그 애의 눈빛은 사랑이었을까? 어리고 순진하기만 했던 나는 그런 감정을 전혀 모르고 있었는데, 친구들보다 학교에 일찍 들어갔던 나보다 두세 살은 족히 더 먹었을 그 애는 어쩌면 그런 감정을 갖게 되었는지도 모르겠다.

관사에 살고 있던 우리 여형제들은 운동회나 가을 학예회만 되면 여러 프로그램에서 활약을 했었다. 교감선생의 딸이기도 했지만, 학교 내 관사에 살고 있어서 늦도록 연습시키기도 쉬웠을 뿐 아니라 재능도 조금은 있었던 것 같다. 운동회 때도 무용선생님은 늘 나에게 부채춤이나 꼭두각시 춤을 열심히 가르쳐서 교단에 세워 놓고, 전 학년이 따라하게 했던 기억도 난다.

교감선생의 딸이라서 그랬는지 나를 더 이상 어쩌지도 못했던 그 애. 지금은 고향을 지키며 성실한 농부로 살고 있을까? 아님, 도시로 진출해 어디서 멋지게 살고 있을까? 가끔 생각난다.

그간 잊었던 그 반장애가 생각나는 것은, 이제 환갑이 넘은 나이의 할아버지가 되었을 그 애에게 그때 못들은 이야기를 지금이라도 듣고 싶은 것은 아닌지.

못다한 이야기

오숙희의 '아까운 여자'를 읽으며 나는 속시원한 후련함을 느꼈다. 가슴 속 깊숙이 내면에 잠재해 있던 많은 불만들은 '그래, 정말 여자는 너무 억울해.'하고 동조하며 똑소리 나는 오숙희의 주장에 박수를 보냈다.

자신보다도 딸들의 앞날을 위해 더 이상 여자들이 희생되어서는 안 되겠다고 여성 인권을 위해 앞장서고 있는 똑똑한 오숙희. 그런데 그녀는 왜 꼭 이혼을 했어야만 했을까? 너무 똑똑해서? 아니면 똑똑한 여자는 팔자가 세다는 옛 분들의 말대로 그녀가 팔자땜을 하는 것일까?

지금 시대야 어머니들 시대에 비하면야 여성들에 대한 대우가 얼마나 좋아졌는가? 어떤 때는 지나친 우대에 부담스러운 자리까지 종종 겪게 되질 않는가. 하지만 오숙희의 말대로 '남존여비사상'의 고정관념은 너무 오랫동안 모두들의 생활 속에 너무 깊숙이 젖어 있어 아직도 우리 여자들은 자신도 모르는 사이에 희생을 당연시하고 자기의 권리를 포기하며 살아가고 있는 것 같다.

오숙희는 그 부분을 지적하며 이제는 자신의 삶이나 딸들의 삶을 위해서라도 그리 살아서는 안되는 것을, 그로 인해 아까운 여자를 더 이상 만들지 않아야 된다는 것을 인식시키고 있었다. 자신이 당면했던 많은 문제들이며 많은 여성들이 차별대우로 인해 희생물이 되어야 했던 아까운 여자들의 예를 보여주고 있었다. 그것을 보며 난 내 가까이에 돌아가신 어머니나 그리고 할머니를 머리 속에 떠올리며 그분들 역시 분명 아까운 여자였다는 생각이 들었다.

내 어머니는 범띠의 해에 용이 하늘로 오르는 태몽을 꾸고 9남매의 맏딸로 태어나셨다. 한자리 할 크게 될 사주를 갖고 태어났는데 딸이라서 집안 어른들의 실망이 크셨다고 했다. 똑똑하고 솜씨 좋고 학문이 뛰어났었지만 여자라는 이유로 직장 갖는 것을 절대로 허락 안 하시는 외할아버지 때문에 집안에만 갇혀 살다 결혼을 하셨다.

가난한 선비 집안으로 시집 오셨기에 삯바느질까지 하며 힘들게 사셨던 어머니는 다행히 큰아버님께 인정을 받으셨다. 큰아버님께서는 학식이 높으셨고 일본에서 사셨던 탓에 신식문화를 받아들여서인지 어머니에 대한 예우가 크셨다. 집안의 대소사를 곧잘 어머니에게 상의하고 어머니 뜻을 따르시는 걸 종종 보아왔었다. 어머니가 돌아가시자 연로하신 백부님이시건만 상여를 보내시며 박씨 집안의 기둥이 무너졌다고 흐느껴 우시는 걸 보았다.

그처럼 인정받는 똑똑한 분이셨는데 점쟁이 말처럼 큰 사주가 집에만 갇혀 살아서인지 사는 동안 병치레를 많이 하셨다. 지금도 고치기 힘든 척추 디스크를 그 시대에 오랫동안 앓으셨었다. 딸 다섯 아래로 그렇게 원하던 아들을 낳고는 허리를 못써 누워서만 한동안 지내야했다. 공무원 아버지의 박봉으로 살아가기만도 힘든데 아버지께서는 틈만 있으면 용하다는 의원을 찾아다니기 바빴고 중학교 다니는 언니들이 살림을 하며 학교에 다녔었다.

아버지의 정성 때문이었으리라. 어떤 치료로 나았는지 모르지만 오랜 치료 끝에 디스크는 치료가 되었었는데 그 다음은 자궁암 선고를 받게 되었다. 그것도 늦게 발견이 되어 수술도 못하고 그 힘든 방사선 치료에 시달리다가 끝내 쉰셋의 젊음으로 세상을 떠나셨던 어머니.

병석에 누워서도 그 딱딱한 역사소설을 늘 읽으셨고 또한 사리에 밝으셨던 어머니께 친척은 물론 동네의 많은 분들도 늘 드나들며 집안의 대소사며 마을 일들을 자문받고는 했었다. 그분들이 그처럼 의지하고 존경하며 사셨기에 지금도 친정 근방에 가면 많은 분들이 우리를 붙들고 눈물을 글썽이신다. 지금까지 그 어른이 살아계시다면 얼마나 좋으냐고.

가난해도, 외모가 미인은 아니었어도, 유행이 지난 옷을 입었어도 누구 앞에서든 당당했던 어머니. 보수적인 양반가의 종가집 딸만 아니었다면 어쩌면 지금도 똑소리 나는 활동가로 살아계실 수도 있었으련만 싶은 아쉬움을

TV에 정광모 씨나 머리가 하얀 똑소리 나는 할머니들을 볼 때마다 종종 갖게 되곤 한다.

주제넘지만 어쩌면 나 자신도 아까운 여자가 아닐까하는 생각을 가끔 해 본다. 원치도 않던 딸을 내리 다섯이나 낳고 아버지의 작은 월급으로 9식구가 먹고 살던 어린 시절. 우리 모두가 힘들었겠지만 나는 정말 어려서부터 견디기 힘든 삶이었다. 사내가 아니라서 미움받고, 사내 동생을 못 보았다는 이유로 미움받고……

하나만 달고 나왔으면 좀 좋으냐는 말을 수도 없이 주위에서 들으며 여자라서 똑똑한 것도 때론 혼나야 하는 이유였다. 계집애가 똑똑하면 뭐하냐고.

어느 친지 아주머니가 얼마간의 재산을 상속해 줄 테니 양딸로 오겠냐고 나를 탐낸 적이 있었는데 "네가 가고 싶으면 가렴." 하시던 어머니 말씀이 그냥 해보는 빈 말만은 아니었을 게다. 가난한 집에 입 하나라도 덜고 싶으셨을 것이다. 만약 하나 달고 나왔다면 감히 그런 말이 있을 수 있었겠는가?

아버지의 따스함이 없었더라면 나는 그 부잣집으로 가

벼렸을지도 몰랐다. 하지만 외로운 내 등뒤엔 늘 아버지의 따스함이 있었다. 소풍가는 날도 너무 적은 용돈에 발이 안 떨어지는 딸의 마음을 읽으신 아버지께선 대문 밖에 서 계시다가 엄마 몰래 돈을 손에 꼭 쥐어주시고 출근하셨다.

결혼해서 살면서도 여자라서 종종 억울할 때가 많다. 몸이 많이 아플 때도 취사 당번은 꼭 나여야 한다든지, 힘들게 식사 준비를 하고도 식사 후면 설거지며 후식 준비까지 혼자 도맡아 하다보면 사소한 일인데도 가끔씩 화가 난다.

"여보! 나 이 다음 다시 태어날 땐 꼭 남자로 태어날 거야"라는 말을 몇 번 했더니 이제는 듣기 싫어해서 그이 앞에선 그 말도 못한다.

하긴 남편만큼 착한 사람도 드물다. 밖에 나가면 애처가로 꼽히는 사람이니까. 하지만 내가 그이에게 서운히 느끼는 부분들은 어려서부터 습관이 안 되어서일 게다. 또한 공사다망한 사람이어서 도와줄 시간이 별로 없는 탓도 있다. 그리고 바쁜 사람이니 집에만 들어오면 쉬고만 싫어 하는 것을 어찌 이해하지 못하겠는가. 그런데도 가끔씩 화가 난다. 아마 남편에게가 아니라 내가 여자라는 것이 화가 나는 것일 게다.

나야 이제껏 그리 살았고 나이 들면 조금씩 남편이 변해주겠지만 아이들 때문에 걱정이다.

"너희들 시대에는 모두 맞벌이일 테고 그땐 빨래도 설거지도 모두 같이 도와주어야 돼. 갑자기 하려면 안 되니까 엄마 좀 조금씩 도와줄래?"하고 시도해 보지만

"엄마! 걱정 말고 해주세요. 이 다음 내 색시는 많이 도와줄게요."한다.

고얀 놈. 엄마도 좀 도와주면 좋으련만 그때 가서 갑자기 마음만으로 될까? 며느리들이 지금 나처럼 힘들어하지 않아야 될 텐데 싶어 걱정이 된다. 만약 그때 며느리들이 힘들어 한다면 나는 철저히 며느리 편이 되어주어야지 싶다. 그래서 아까운 여자보다는 똑똑한 여자로 살도록 말이다.

그러나, 그때 시어머니의 심통이 또 생기지는 않을는지…(1996).

기다림이 아름다운 이유

긴 장마
너의 목마름을 알지 못했다

푸름이 가득한 초여름의 산은 너무나 아름답다. 산책을 하거나 등산길에 오를 때마다 푸름 속에 피어 있는 갖가지 꽃들…… 작고 이름 모를 풀꽃들까지 제각각의 너무나 아름다운 모습들에 매료되어 지나치기가 마냥 아쉽다. 그래서인지 해마다 이때쯤이면 시골 전원주택에 살고 싶다는 생각이 짙어지곤 한다.

하지만 아직은 아이들 학교와 남편 직장도 그렇고 생활하기에 불편할 듯 싶어 결정을 못 내리고 한 해 한 해 생각에만 그치고 있다. 그래도 다행스러운 것은 우리 아파트가 자연 가까이에 있다는 점이다. 거실에 앉아서도 밤꽃 향기를 맡을 수 있고 조금만 걸어 나가면 개구리 울음소리를 들을 수 있고 푸름이 가득한 창문으로 매미소리도 들으며 사계를 느낄 수 있으니까. 작은 베란다지만 몇 가지 화초들을 가꾸며 꽃도 보고 그들의 변화를 지켜보며 시간의 여유를 즐기기도 한다. 그런데 가끔씩 나는 커다란 실수를 저지르곤 한다.

지난 여름이었다. 긴 장마에 빨래가 마르지 않아 짜증을 내곤 할 때였다. 젖은 빨래를 매만지며 하루면 몇 번씩 베란다를 드나들었지만 온 집안의 습습함에 내 화초들이 목말라 있음은 전혀 감지하지 못했다. 장마가 끝나고 볕이 화창하게 내리쬐일 때서야 어쩌면 좋아! 시들어 몸살을 앓고 있는 화초들이 대부분이었다. 그들을 되살리기까지 얼마나 많은 정성을 들여야 했는지……

그런가 하면 지난 겨울엔 그들을 모두 거실로 들여오기

엔 너무 공간이 좁아 추위에 약한 것들만 선별해 들여놓았었다. 난蘭들은 추위에 강한 편이지 싶어 베란다에 그냥 놓았었는데 그들도 지난 강추위엔 견디지를 못하고 어느 날 잎이 모두 얼어 버린 것을 발견했다. 들여놓았던 화분들을 보며 값으로 따지면 난蘭분이 훨씬 값진 화초들이건만 다 죽인 걸 생각하니 속이 상하고 들여놨던 화초들까지 미워졌다. 그들 탓인 양 말이다, 제 탓인 것을.

봄이 되어 죽은 난 분을 살펴보며 혹 새촉이라도 나오지 않을까 관심을 쏟았건만 전혀 기미가 보이지 않았다. 화창한 봄날, 죽어가는 화분을 여러 개 놓고 보고 있으려니 속만 상하고 기다리기도 지쳐버려 대청소 한답시고 쓰레기 봉투에 모두 쏟아버렸다. 헌데 봉투 속에 버려진 난 뿌리를 보니 어쩌면 싶은 생각도 들었다. 그래 혹시 살아날지도 몰라, 세 개만 남겨 놔보자 하며 미련이 남아 다시 심어 다른 화분들 틈 속에 남겨두었는데 아하! 여름인 지금에서야 촉이 한 개씩 어느 것은 두 개가 예쁘게 돋아나고 있었다. 이렇게 신통할 수가! 이제는 버려진 놈들이 아까워 자꾸만 생각난다. 더 기다려줄 걸…… 미안하다.

정말 미안하다.

요즘은 매일 난蘭분의 새 촉을 들여다보면서 정말 죽은 아이 살아난 기쁨으로 그 화분들을 돌보고 있다. 기다림의 아름다움을 그들이 내게 가르쳐 주었다.

그녀가 사랑한 수원골의 아주 작은 이끼꽃들

일요일 오후, 가는 햇살이 아쉬움을 머금고 머물 즈음 수원지를 지나 골짜기를 따라 산책로를 걷는다. 시원하고 상큼한 바람을 온몸으로 맞이하지만 그러나 나의 가슴 깊은 곳에서 아픔이 되살아온다. 나를 이곳으로 안내했던 그녀, 나와 함께 이곳을 거닐었고 내가 아끼고 사랑했던 그녀가 이제 다시 돌아올 수 없는 곳으로 영영 가버린 아픔이……

98년 초여름 갑작스런 그녀의 입원과 그리고 뒤이어 위암수술 소식은 우리를 모두 놀라게 했다. 한 달 전 동인회 모임에서 함께 식사를 하고 헤어졌으니까 모두 놀랄 수밖에. 가끔씩 소화가 덜 된다하고 위가 쓰리다고 하더니 그런 병으로 수술을 할 줄이야 누가 알았는가.

우리는 그녀의 회복을 믿었다. 아니 믿고 싶었고, 꼭 나아야 한다고 신에게라도 매달려 억지를 부리고 싶었다.

불과 한 달 사이에 앙상하게 마른 모습으로 돌아온 그녀. 만나고 나오면서 그녀가 안 보이는 골목길에서 얼마간을 울고서야 돌아설 수 있었다. 너무나 딱하고 안쓰럽고 애처로웠던 그녀.

항암 주사 후의 고통은 겪어 본 사람이 아니고는 짐작도 못하리라. 보는 사람이 그처럼 고통스러울 때 당사자의 고통은 어떠했을까? 그녀의 고통스러워하는 모습에서 돌아가신 친정어머니의 아파하시던 모습이 겹쳐와 나는 더욱 마음이 아팠다.

그후, 그녀는 더 이상의 병원 치료를 거부하고 이곳 공기 좋은 동네로 이사를 왔다. 바람 불면 쓰러질 듯 가녀린 몸으로 살금살금 간신히 걸어 수원골로 산책을 하며 이곳으로 온 걸 기뻐했다. 맑은 공기 때문이었을까? 처음에는 조금씩 회복이 되는 듯했다. 몸무게가 2kg이나 늘었다고 자랑하며 좋아했다.

그런 그녀를 위해 그 남편의 간호는 극진했다. 사업까지 모두 거두고, 아침저녁 함께 산책하며 운동을 시켰다. 암 투병생활에 대한 책들과 식이요법 하는 책을 사들였고, 암에 좋다는 식품들은 무엇이든 구해다 먹이려 노력했다. 그 심정이 오죽했으랴. 허나, 너무 늦게 발견이 되어 위를 모두 절제해야 했기 때문에 그녀가 한 끼에 먹을 수 있는 양이란 겨우 어른 수저로 두 수저나 될까? 그것도 소화시키기 힘들어 먹기만 하면 고통스러워하는 모습을 보며 그 누구도 함께 해줄 수 없음이 안타까웠다.

햇살 따스한 가을 일요일 오후였다. 그날도 그녀와 많은 이야기를 하며 수원골 산책로를 걸었다.

"몸 다 나으면 제일 먼저 무얼 하고 싶어?"

"저처럼 아픈 사람들 찾아다니며 도와주고 싶어요. 청소도 해주고 먹을 것도 해주고 꼭 그러고 싶어요. 형님은 남은 삶에서 무슨 일을 더 하고 싶으세요?"

"글쎄. 하고 싶은 것이 너무 많지만, 남을 위해서 살지 못한 것이 제일 걸릴 것 같아. 봉사를 더 해야 할 것 같아."

"형님! 저하고 이렇게 놀아 주시는 것도 봉사여요."

하며 함께 있어 주는 것만도 고마워하던 그녀. 주위의 친구들도 바쁘게 살다보니 생각뿐으로 그녀와 함께 하는 시간이 적어졌고 그녀는 외로웠었나 보다.

"어머나, 딱해라." 갑자기 그녀는 걷던 길을 멈추고 안타까워하며 주저앉았다. "어제까지만 해도 아주 예쁘게 피어 있었는데. 누가 이랬을까?"

어느 집 담장 밑에 아주 작은 풀꽃이 피어있었는데 개가 그랬는지 담장의 흙이 조금 흘러 내려져 꽃들을 다치게 한 것이었다. 그녀는 풀꽃 위의 흙을 털어 주며 자신의 아픔인 양, 안타까워했다. 살고자 하는 집념 때문이었을까? 그처럼 가녀린 몸으로 씩씩하게 잘도 걷는다. 너무 무리일까 싶어 그만 내려가자고 했더니 형님에게 꼭 보여 줄 것이 있다면서 조금만 더 가자고 하는 그녀 뒤를 따랐다.

"형님! 이 꽃 좀 보셔요. 이렇게 아름다운 꽃 보셨어요? 이 이끼 꽃은 이곳처럼 청정지역에서나 살 수 있는 꽃일 거예요. 이런 희귀한 꽃은 아마 식물도감에서나 볼 수 있을 거예요."

그녀가 꽃이라기에 자세히 들여다보니 파란 이끼에 아주 작아 점에 가까운 빨간 꽃들이 예쁘게 피어있었다. 이끼에도 꽃이 피는 것을 나는 그날 처음 알았다. 아니, 그녀가 아니었으면 그곳을 수없이 지나쳐도 발견하지 못하였으리라.

그녀는 그렇게 아주 작은 풀꽃들조차 아름다움을 느끼며 많은 사랑을 퍼부었다. 생명이 있는 모든 것들을 사랑하는 것 같았다. 얼마나 더 살 수 있을지 모르는 자신의 생을 사랑하는 것이었을까?

어느 날, 고통스러워하는 그녀에게 위로의 말을 생각하던 중, 내가 고통스러울 때 나를 사랑해 주시던 분이 해준 말을 들려주었다.

"하나님은 당신이 진정 사랑하는 사람에게 더 많은 고통을 주신대. 더욱더 성숙한 인간을 만드시려고. 이처럼 고통을 주시는 것은 하나님이 너를 사랑하기 때문일 거야. 잘 견디어 내자."

"정말 그럴까요?"
하던 그녀였는데 그녀와의 마지막 만남에서
"그때 형님의 그 말이 무척이나 고맙고 위로가 되었었어요."라는 말을 들을 수 있었다.

겨우 회복이 되는 듯 하던 그녀는 추위와 함께 다시 힘들어져 가기 시작하였고, 그런 그녀를 위해 그의 남편은 더 공기 좋고 물 좋은 시골에 집을 마련하였다. 벽에 황토를 바르고 바닥은 숯을 깔아 한지로 도배를 했다. 방안에서도 큰 창을 통하여 밖의 아름다운 자연 풍경을 마음껏 즐길 수 있는 작고 아담한 집이었다.

잔디가 깔린 마당을 지나 논이 있었고, 논을 지나면 산과 산너머 산들이 멋지게 어우러져 있어 방에서도 사계절을 음미할 수 있는 그런 아름다운 곳이었다. 뒷산 솔숲으로는 아름다운 산책로가 나 있었고, 옆으로는 오염이 안 된 맑은 개울이 사철 흐르는 곳. 방문만 열면 잔디밭과 땅을 밟을 수 있고, 따스한 햇살도 마음껏 누릴 수 있어 그녀가 무척이나 좋아했었다. 그러나 그처럼 좋은 곳이었어도 그녀는 끝내 이겨내지 못한 채 기어이 떠나버리고 말았다. 남편이 그녀를 위해 심은 옥수수와 콩 그리고 많은 무공해 곡식들이 채 크기도 전에…

하나님의 나라에는 착한 사람이 필요해서 착한 사람들은 일찍 데려간다는 말을 누군가에게 들었었는데 하나님께서는 지금 그녀가 꼭 필요하셨을까? 자신이 주위 사람들에게 부담스러운 짐일까봐 아프면서도 늘 걱정하던 그녀. 누구에게 폐가 될까 걱정하며 조그만 성의에도 몇 배로 감사해 하던 그녀. 아프기 전에는 하루에 책을 단 몇 페이지라도 읽지 않으면 안 되는 줄 알고 책과 더불어 살았던 그녀.

성격만큼이나 글 또한 섬세하고 정결하게 쓰던 그녀였건만…. 그 움직이기조차 힘들고 아픈 몸으로 늘 식구들 식단까지 세심히 마음 쓰던 빈틈없던 그녀는 바라보기도 아까워하던 딸이랑, 남편을 어찌 두고 갈 수 있었을까?

지금은 산꼭대기에 누워 있는 그녀. 그의 묘를 다시 찾은 날, 그곳에는 그녀가 좋아하던 맑은 공기, 바람, 하늘과 구름 그 모두와 함께 있었다. 이제는 모든 고통이 사라지고 편안할까?

갑자기 그녀가 좋아하던 양희은의 노래 소리가 들리는 듯하다.

왜 사는지 알고 싶어서 머나먼 길을 떠났지
언제 다시 돌아온다는 아무런 약속도 없이
이 세상에 혼자만 버려진 느낌 음~~
밤하늘엔 수많은 별들 빛나고
언제인가 꿈을 꾸었지 한 마리 새가 된 꿈을
하늘 높이 날아 올라가 세상을 내려다 봤지

그녀는 지금쯤 어쩌면 작은 새가 되어 평화로운 하늘나라에서 우리를 내려다보고 있지 않을까? 보잘것없는 아주 작은 일에 열을 올리며 살고 있는 사람들을 가엾이 여기며…

아니, 그녀가 사랑했던 수원골의 청결하고 아름다운 아주 작은 이끼 꽃들을 바라보고 있을지도 몰라.

3부

가을, 그리고 내 어머니

실버타운

"언니는 언제 올꺼야? 나 아버지한테 왔어요."

주말이면 형제자매들이 부지런히 아버지에게 달려와 자주 만나게 되니 한편으로 형제애를 느낄 수 있어 즐겁기도 하다. 오늘도 막내 동생이 갈비를 재워 와서 여럿이 만나 맛있는 한 끼 식사를 하며 담소했다. 우리 농장에서 따온 무공해 고추를 쌈장에 찍어먹기도 하고 한두 가지씩 갖고 모이면 풍성한 식탁이 된다. 식탁의 반찬보다 만남의 즐거움이 더하니 풍성해 보이리라.

어머님이 돌아가시자 홀로 남은 아버님 때문에 자식들 모두의 큰 걱정거리였다. 모시려 해도 딸자식들 집으로 들어가기 싫어하셨고 며느리들은 각자 형편이 여의치 못해서이다.

하루 세 끼를 해결하는 일이 그리 녹녹치 못했다. 95세의 아버지께서 끼니때마다 밥을 차리는 일을 직접 하시겠다고 하나 자식들은 불안했다. 자주 들여다보는 것, 종종 밥을 사드리는 것만으로는 해결될 일이 아니었기에 인근 실버타운으로 아버지를 모셨다.

한번 둘러보자고 모시고 갔는데 잘 해놓은 시설과 입주하신 노인들을 보시더니 그 자리에서 입주를 결정하시고 서두르셨다.

교회재단에서 설립한 실버타운이었다. 처음에는 퇴직한 목사님들의 거처로 시작했는데 범위를 넓혀 100여명 입주할 수 있도록 시설이 되어있었다. 밖에서 생각했던 것과는 달리 청결하고 노인들 천국이었다. 곳곳에 휴식 공간을 만들어 담소할 장소도 만들어놓고 커피숍은 단돈

천원에 마실 수 있도록 해놓았으며 커다란 텔레비전도 함께 보도록 여러 곳에 설치해 놓았다.

당구장도 있고 물리치료실에는 많은 기구들과 치료사도 상주토록 하여 틈틈이 운동을 겸한 물리치료를 할 수 있도록 해놓았고, 화단도 잘 가꾸어 피고지는 꽃들을 감상하도록 해놓았다.

입주 후, 새로운 친구들을 사귀면서 나름 아버지는 즐거움을 만들어 가셨다. 소설가 시인을 만났다고도 하시고 목사님 이야기이며 뵐 때마다 화제가 다양하다. 직원들 모두가 친절해서 불편한 거 없으시냐고 종종 방을 방문해 물어온다고 고마워하시기도 한다.

아들들이 가까이 살고 있으니 자주 들러 보살피고 가고, 나도 틈만 나면 들러 빨래가 있는지 뭐가 부족한지 살펴드리고 과일이랑 챙겨드리니 아버지도 나름 행복해하신다.

식단도 매일 바뀌어 질리지 않게 식사할 수 있다고 하셨다. 또한 몸이 불편할 때에는 방으로 배달을 부탁하면 식판에 랩을 씌워 식지 않도록 배달이 왔다. 물론 천원의 배달료는 나중에 계산된다고 한다.

산책로도 아름답게 가꾸어져 있어 오전, 오후 희망자들 함께 산책을 하는데 아버지께서는 보조 맞추기가 힘들어 혼자서 살살 산책을 하신다고 했다. 지팡이를 짚어야 걸으실 수 있기 때문이다.

아버지가 실버타운으로 들어가시니 한시름 놓였다. 또한, 우리도 나이들어가니 이 다음 실버타운으로 들어가면 된다 생각하니 그 걱정 또한 덜었다.

7남매 자식이 두었으니 손자손녀들도 많다. 번갈아 할아버지를 찾아와 재롱을 떨고 가주니 그 또한 얼마나 고마운지.

"어머님! 아들을 참 잘키우셨어요. 참 효자들이에요. 어머님한테 저도 어찌 키우나 배워야겠어요."

"맞아요 어머님! 부모님 생각하는 걸 보면 참 효자여요."

두 며느리들이 명절에 만나 제 남편들이 효자라고 내게 하는 말이다. 어떤 모습을 보였길래 며느리들이 감탄을 하고 그런 말을 했나 모르겠지만 부모 생각하는 마음을 그리 효자로 읽었다니 고마운 일이다.

허나, 내가 자식노릇, 부모노릇 해보니 효자효녀란 말은 함부로 쓰는 말이 아니다. 다들 자식들에게는 최선을 다 하나 부모 생각하는 마음들은 게을러지기 십상이니 말이다. 바쁘다는 핑계로 계획했던 일을 흔히 미루고는 한다.

"아버지! 나 내일은 바빠서 못 와요. 모레 올게요."

"모레도 올꺼 없다. 이제 네 볼일 봐. 자주 안 와도 돼"

말씀은 그리 하셔도, 그래도 매일 기다리실 것이다. 내 아버지는.

아버지의 여인

38년간 친정아버지 곁에 사시던 새어머니가 세상을 뜨셨다. 친정이 멀었다면 결혼 후, 들어오셨기 때문에 별 애정 없이 지냈겠지만, 내내 같은 지역에 살고 계셨기에 세월가다 보니 낳아준 부모나 다름없이 지냈다.

피가 섞인 낳아준 친부모와 그렇지 않은 사이는 많은 차이가 있었다. 잘 하다가도 조금만 잘못하면 섭섭함이 크게 다가오기는 아마 양쪽 모두가 같을 게다. 처음 들어오셔서는 결혼하지 않은 동생들 하고 종종 마찰이 생기고는 했다. 아버지께서는 중간입장에서 서로의 말을 전하기도 하며 힘들어 하셨다. 하지만 세월이 지나며 서로 상대를 이해하려 노력했고 상대에 대한 배려라 할까? 폭을 좁혀 갔다. 아마 서로라기보다는 우리는 자식이었으니까 우리가 어머니에게 맞추어 갔다는 게 옳을 게다.

아버지께서는 용돈을 아껴 저축했다가 손주들 주고 싶어 돈을 못 쓰셨고 남겨줄 자식이 없는 어머니는 비교적 자유롭게 쓰며 사시는 듯 했다. 그런 모습을 지켜보며 우린 좀 마음 아프기도 했고, 어머니께 좀 섭섭하기도 했었다.

아버지의 연금통장은 어머니가 주로 쓰셨고, 아버지께서는 자식들이 주는 용돈으로 쓰고 계셨으니 늘 흡족치 못 하실듯 해 어찌 마음 아프지 않았으랴.

새어머니는 췌장이 안 좋으셔서 병원에 9년째 입,퇴원을 거듭하며 드나들었다. 자식들 중, 객지에 살거나 직장에 나가서 어쩔 수 없는 형편들이니 전업주부인 내게 차지가 오고는 했다. 모시고 다니는 일, 입원하면 병간호하는 일들이 결코 쉽지 않은 일이었다. 다행스레 막내 동생이 가까이 대전으로 내려오는 바람에 훨씬 의지가 되고

분담하니 가벼웠다.

"다섯 딸도 안 많다…" 하시는 아버지. 아닌 게 아니라, 어머니가 입원하시면 병원과 아버지 보살펴 드려야 하는 집일도 생기니 양쪽으로 자식들이 번갈아 뛰어야만 한다. 그러니 모두 힘들기는 마찬가지. 친자식이 없는 새어머니께서는 간병사를 원하지 않으시고 자식들이 곁에 있어주길 늘 원하셨다. 그것도 자식 없는 콤플렉스 때문이었을까?

그래서 우린 더 힘들고 자식들도 나이 들다보니 병원 생활이란 게 벅차왔다. 이제는 간병사를 써야지 못한다며 손들고 나설 무렵, 어머니는 남의 손이 싫으셨는지 노인병원에는 절대로 안 간다 하시더니 병원에서 고통없이 떠나셨다. 우리 자식들 딴에는 최선을 다 했기 때문일까? 큰 후회 없이 보내드릴 수 있었다.

새어머니 돌아가시고 며칠 지난 후, 사진첩을 정리하시던 아버지께서 "네 친엄마 사진 좀 한 장 찾아주렴, 제일 크게 나온 걸로"하셨다. 너무나 갑작스런 아버지 말씀에 다시 여쭈어보니 "너희들 새엄마 기분나쁠까 봐 네 엄마에 대한 마음표현을 못하고 살아서 미안했다. 이제라도 가끔 보려한다"고 말씀하셨다.

잊고 사시는 줄 알았던 아버지의 뜻하지 않은 말씀에 모두 숙연해지는 순간이었다. 40년이 지난 지금에도 본부인에 대한 그 애틋함이 남아있을 줄이야. 아닌 게 아니라 가난하던 시절에 만나 7남매 낳아 기르고 고생만하다 병얻어 세상 뜬 조강지처를 어찌 걸려하지 않으랴.

우리 자매들도 효도한다고 부모님 두 분 모시고 다니며 구경시켜드리고 맛있는 거 사드리며 이처럼 좋은 세상을 못보고 가신 친엄마가 늘 목에 가시처럼 걸렸다. 보리밥도 모자라 배를 못 채웠던 내 어머니. 비싼 전기세 나간다고 아끼느라 전기밥솥 사놓고도 못쓰던 내 어머니. 추운 겨울 고무장갑 하나 없이 손빨래로 7남매 키우며 살다 간 분. 그 마음 아픈 것들을 어찌 말로 다 표현할 수 있으랴.

산다는 건 다 물거품이었다. 욕심이 많으셔서 그릇도 옷도 좋은 것만 사서 쓰시던 새어머니 물건들. 쉽게 버릴 수 없어 옷도 그릇도 딸들이 나누어 가진 것은 새어머니에 대한 정 때문일까?

구석구석 많은 물건들을 정리하며 정갈하던 새어머니 손길을 느낀다. 그리고 산다는 것에 대해 다시 한번 생각해 본다. 이처럼 다 버리고 갈 것을.

40년 만에 아버지 문갑위에 다시 올려진 친어머니 사진. 어머니들 두 분은 산소에서처럼 나란히 만나신 걸까?

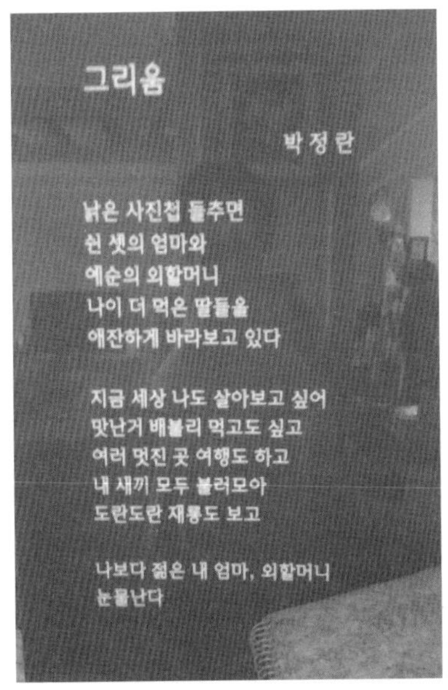

고부姑婦 사이

친정 새어머니를 오랫동안 병간호 하면서 느낀 일이다. 어쩌면 고부 사이도 딸자식과 새어머니 사이와 같지 않을까? 하는 생각을 잠시 했다.

피 안 섞인 남남이 맺은 부모자식 사이니 같을 것 같았다. 새엄마가 아프실 때, 딱하고 안 됐지만 가슴 안쪽까지 저리게 아파오지 않는 것도 그렇고, 싫은 걸 싫다고 솔직하게 말 못하는 것도 그랬다. 새어머니는 새어머니대로 못한 말들이 얼마나 많았을까? 종종 우리 딸들은 혈육 없는 새어머니가 너무나 딱하다 하면서 잘해드리려 노력했었다. 하지만 엄마도 뭔가 마음에 차지 않는 허전함은 늘 있었으리라.

며느리가 들어오고 난 후, 나는 며느리에게 무얼 주어도 아깝지가 않았다. 내가 아끼던 그릇이나 소장품들을 하나씩 기회 있을 때마다 나누어 주면서도 아깝지 않은 것은 내가 제일 사랑하는 아들의 여자이기 때문일 것이다.

그런데 새엄마도 아깝지 않았을까? 생각해보니 아니었지 싶다. 엄마는 아까워했다. 주로 받고 싶어 하기만 한 것 같이 생각되는 건, 내 생각일까?

며느리를 맞이하고, 나이가 들어가니 며느리랑 사이좋은 사람만큼 부러운 사람이 없다. 목욕탕이나 쇼핑하거나 마주치는 여인들의 풍경을 본다. 주고받는 눈빛이나 말들이 너무 다정해 보여서 '딸인가요?'하고 물어봤을 때 대부분 딸이었지만, 가끔씩은 '며느리여요'라는 대답이 오면 참 부럽다는 생각을 하고 예뻐보였다.

딸이 없는 나로서는 며느리랑 그렇게 잘 지내고 싶은 마음이 간절한데 아직도 갈 길이 멀기만 하다. 그렇다고 며느리들이 나쁜 아이들도 아니고 똑똑한 아이들도 아닌데 나는 왜 자꾸 멀다고 느껴지는 걸까?

가끔씩은 전화 좀 걸어주면 좋은데 어쩌다 오는 전화도 손녀딸이 '할머니'하며 제 엄마의 권고에 의한 의례적인 전화같이 느낀다. 시에미랑은 나눌 말이 없는 걸까? 요즘은 아들들이 둘 다 직장 발령으로 나가 있어 주말부부여서 더 그런 마음이 드는 것 같다.

좀 더 기다리자. 내게도 조금 더 편해지면 딸처럼 다가오지 않을까?

오늘 나의 간절한 바람이다.

고구마와 아버지

며칠 전 친정어머니 제삿날, 모두 모여 준비 중인 자식들에게 아버지께서 말씀하셨다.

"모두들 시간 나는 대로 각자 고구마 좀 캐다 먹으렴. 고구마에는 사람에게 이로운 영양소가 많다고 신문에 났더구나. 암 예방도 된다고 하고."
하시며, 고구마의 좋은 점이 실렸던 오래전의 신문 글을 잘 보관했다 보여주셨다.

"고구마는 맛있어요? 농사는 잘 되었어요?"
하고 여쭤 보았더니 굼벵이가 먹어 썩 좋지는 않지만 맛은 괜찮은 듯 하다고 말씀하셨다.

주방에 있던 올케가

“에그 아버님! 진작 말씀하시지. 그것도 모르고 고구마를 세 박스나 샀잖아요!”

올케의 말이 떨어지자마자 옳다 잘되었다 싶어 평소에 하고 싶었던 시누이의 가시돋힌 말로 한마디를 했다.

“아니! 아버지 집을 코앞에 두고 며느리가 얼마나 안 들렀기에, 여름 내내 아버지가 고구마 농사지으러 다니신 것도 모르고 있었어?”

친정아버지께서는 아들 곁에 가까이 사시기 위해, 직접 지으셨던 주택을 팔고 몇 해 전, 아들과 같은 아파트로 동만 다르게 이사를 하셨다. 이사를 하셨을 때는 정년을 하신 뒤라 시간이 많아서 가까이에 있는 도서관을 종종 들러 종류별로 신문도 보시고 전시회마다 다니시며 작품을 감상한다고 하셨다. 운동 또한 규칙적으로 열심히 하는 아버지셨기에 그토록 심심해하실 줄은 몰랐는데 그동안 주택에서 가꾸고 살던 마당가의 화단도 없어 많이 심심하셨나보다.

여러 자식들이 공주에 살고 있지만 제각기 바쁘게 사는 탓에 아버지를 종종 찾아뵙는 일은 게을렀다. 어버이 날이나 생신 같은 제목 달린 날에나 겨우 형제들이 함께 모일 수 있을 뿐, 각자 가끔씩 찾아뵈어도 아버지의 갈증을 채워드릴 자식은 아무도 없었나보다.

나 또한 직장도 없는 주제에, 일주일에 한 번 만이라도 꼭 드라이브 시켜드리고 외식 좀 시켜드려야지 생각은 했지만 종종 다른 핑계로 미루고는 했다. 아버지께서 어디를 가자거나 요청하시면 거절은 못하고 무엇이든 들어드렸으련만 자식들에게 귀찮게 하는 건 질색인 어른이시라 집집이 차가 몇 대씩 있어도 번번이 택시나 버스, 자전거를 이용하시고는 하셨다.

그 무료함을 달래기 위해 아파트 근처에 노는 땅을 틈틈이 개간을 하셨다고 한다. 한 평을 개간하면 소유권은 없으되 100만원 벌었다 생각하며 하셨다고. 그렇게라도 생각하시며 힘들게 일하시는 스스로를 위로하셨나보다.

고구마 모를 사다 심고, 죽은 곳에는 모를 다시 사다 또

때우고 가끔씩 자전거로 물을 길어다 주고… 여름 내 그렇게 애써 지으신 고구마 농사였다.

곁에 사는 나 시인의 부인께 전화를 드려 함께 고구마를 캐러갔다. 어쩜 그리 예쁜 고구마는 하나도 안 나오는지. 모두 빛이 검거나 굼벵이가 먹었거나 휘어졌거나 그랬다. 두 세 시간을 힘들게 작업했어도 생각만큼 고구마가 많이 나오지도 않았다. 아버지께서는 당신의 누님과 서울 사는 딸에게도 보내주고 싶어 하셨다. 계산상으로 하면 택배 값이 더 나올 듯한 고구마 꼬락서니다.

그래! 아버지 정성이니 90이 되신 고모님이나 동생 또한 맛있게 먹겠지 싶어 택배로 서울과 대전으로 각각 한 상자 씩 보냈다.

나 시인 부인께도 뵙기에 민망했다. 가을땡볕에 얼굴만 많이 타게 하고 그런 고구마를 드시게 해서이다. 하지만 시인의 부인답게

"바로 이 고구마가 완전 무공해 식품이에요. 오늘 볕을 많이 쏘여서 아주 좋은 시간이었어요."

라며 나의 무안함을 덜어주셨다.

그리고는 집에 돌아가서 금방 고구마를 쪄보시고 곧 전화를 주셨다.

“고구마 쪄보셨어요? 너무 맛있어요. 생긴 거 그렇다고 버리지 마세요. 그 어떤 고구마보다 맛있는 걸요.”

아버지의 정성이 깃들어서 더 맛있는 걸까?

서울 동생에게서도 고구마가 너무 맛있다고 전화가 왔다.

막내 남동생은

“누나들 고구마 맛있다고 하지 말아요. 아버지 내년에 또 심으실까 겁나요”

라고 말하기도 한다. 그도 아버지 고생하신 게 너무 속이 상하나보다.

형제들이 모두 맛있다고 하고, 내가 먹어봐도 맛있기는 하지만 나는 고구마 먹을 때마다 목이 메어온다. 얼마나 무료하셨으면 안 하던 농사를 여든 여섯의 나이에 땅을 개간해서까지 지으셨을까? 허리도 안 좋고, 다리도 시리다고 늘 병원을 전전하시던 분이 왜 땅에다 정을 붙여야만 하셨을까?

돌아가신 뒤 후회하지 말고 뭔가 아버지를 위해 해드려야 할텐데… 아버지하고 수묵화를 시작해볼까? 아님 컴퓨터를 사 드려 볼까?

고구마만 보면 아버지 생각에 마음이 아려온다.

삼불후三不朽*

나는 가끔씩 친정 부모님들이 무료해 하실까봐 가까운 길이나마 드라이브를 시켜 드린다. 공주가 좁은 것 같아도 아직 다녀보지 않은 길이 많아 모시고 다니면 "어라! 이런 곳도 있었구나!"하며 좋아하시고 나 역시 새로운 동네를 감상할 수 있어서 좋다.

아버님께서는 어렸을 적에 걸어서 학교를 다니던 길이나, 혹은 형님 댁이나 작은 아버님 댁을 다니느라 산 넘고 물 건너 힘들게 걸어 다시던 곳을 가보길 원하셔서 골라 모시고 가 본다. 이젠 터널이 생기기도 하고 넓은 차도가 새로 놓여 진 그곳을 다시금 다녀보면 너무나 신기해하며 감회가 새로우신가 보다. 그때를 회상하며 당신의 옛날 이야기를 종종 해주시면 나는 듣는 그 재미가 쏠쏠하다.

아버지 초등학교 다닐 때의 이야기이다. 배불리 밥을 못 먹던 시절에 형님 댁에 가면 귀한 아우가 왔으니 아끼던 흰쌀로 밥을 해서 대접했을 것은 당연한 일이었을 게다. 형님댁에 다니러 갔던 어느 날, 이튿날 학교에 가려면 점심 먹고 오후에는 집으로 돌아가야 당연한 이치였건만 그 쌀밥을 한 끼 더 얻어먹고 싶어 하루를 묵고 이튿날 새벽밥을 먹고서야 조카와 둘이서 30여 km를 뛰어서 학교로 향했다 한다.

추운 겨울 길을 학교 늦을까봐 열심히 앞만 보고 두세 시간을 뛰었으니 얼굴은 얼고 열이 올라 빨갛게 되어 있었고, 그 모습을 보고 "너 술마셨나?"라는 일본인 선생의 따끔한 질문을 받기도 했었다고 한다.

지금 아이들로서는 도저히 이해가 안 가는 이야기일 것이다. 그러나 그분들은 하얀 쌀밥을 배불리 먹어 보는 것이 원일 만큼 그리 힘들게 살았었다. 저녁 무렵이면 집에 있던 작은형님이 학교 갔다 오는 동생 배고플까봐 부엌을 기웃거려 간신히 누룽지 한 줌 얻어서 가슴에 품고 멀리까지 마중 나와 기다리다가 어둑어둑한 길을 뛰어오는 동생에게 먹이고 했다는 둘째 큰아버님. 그런 형제애 때문일까? 두고두고 둘째 큰아버님을 귀하게 여기시는 걸 보았다. 좋은 것만 보면 갖다 드리고 싶어 하셨고 맛있는 것을 보거나 여행길에 좋은 곳만 보아도 두 분은 서로 걸려 하시는 것이 참으로 보기에 좋았다.

그렇게 다니는 차 안에서 자연스레 어른들과 이런 저런 많은 대화를 나눈다. 부모의 눈에는 다 큰 자식들도 늘 염려가 되나 보다. 자식들의 건강에 대해, 혹은 직장일에 대해서까지 하나하나 손주들까지 걱정하시는 말씀을 들어드리고 아는 것만큼 해명도 해드린다. 요즘 사람들은 왜 그리 바쁜지 효심이 지극한 동생들이건만 가까이 살면서도 자주 찾아뵙지를 못하니 당신께선 그것 또한 늘 걱정이시다.

친정어머니와의 대화는 대개가 며느리들과의 일이다. 어른들에게 잘 한다고 해도 나이 드신 어른들께선 어린애처럼 서운하기 마련인데 직장을 갖고 있는 며느리들은 바쁘고 피곤하니 더 소원해지기 십상이다.

시누이의 심통은 내게도 있는 것 같다. 어머니께서 올케들한테 이런 저런 서운한 말씀을 하시면 나는 어머니보다 곱으로 화가 난다. 이해를 하려 잠시 그 입장이 되어보기도 하며 변명도 해보고 어머니를 위로해 드리기도 하지만 이해가 안 갈 때에는 화가 난다. 아무리 세대 차이가 있기로서니 며느리가 그럼 안 되지 하면서.

더군다나 어머니께서는 새엄마시니 다른 어머니들과는 좀 다르다. 핏줄이 아니라고 더 무시하는 것이 아닐까 해서 더 많이 서운하신가 보다. 엄마를 위로해 드린답시고 올케 흉도 보고 때론 어머니가 못하는 욕도 대신 한다.

"그것들이 싸가지가 없어"하면서.

그러나 딸의 그런 상스런 언동을 그냥 넘기시는 아버지가 아니다. 오늘도 삼불후三不朽에 대해 말씀 하신다.

"너 삼불후에 알고 있니? 영원히 썩지 않는 세 가지가 있는데 덕德과 공功그리고 말言이란다. 가장 훌륭한 일은 덕을 세우는 것이고 그 다음에 나라를 위해 공을 세우는 것과 후세에 교훈을 주는 말이 언제까지나 썩지 않고 계속 남아 있는 중요한 세 가지란다. 그러니 더욱 그런 말을 해선 안 되지."

운전하는 내내 뒤통수가 뜨겁다.

* 삼불후三不朽 : '썩지않는 세가지'라는 뜻으로 이 세상에서 덕德과 공功 말言을 세우는 일의 세 가지는 언제까지나 없어지지 않는다는 것을 말한다. 중국 춘추시대 노나라의 학자 좌구명이 공자의 춘추를 해석한 좌씨전에 나오는 다음 구절에서 유래한 성어이다.
'가장 뛰어난 것은 덕을 세우는 일이고 그 바로 뒤에 공을 이루는 일이며 그 다음으로는 말을 세우는 것이다. 비록 오래되어도 없어지지 않아 이것을 썩지 않는다고 말한다.

가을, 그리고 내 어머니

가을하늘은 너무나 맑고 깨끗하다. 갖가지 형상을 그리며 떠도는 구름이 아름다워 노을빛을 보고 있으면 가슴 가득 감탄이 벅차오른다. 그리고 어머니 생각에 눈물이 난다. 이렇듯 좋은 가을을 내 어머닌 느껴보고 돌아가셨을까?

곧 기일이 다가오기 때문에 더욱 그런지, 가을이면 어머니 생각에 더 마음이 짠해온다. 행사가 있어 한복을 입으려고 머리를 올리고 거울을 보면 내 모습에서 옛날 어머니를 만나고, 그때 함께 걷던 시장골목을 걷거나, 어머니 49제를 지내던 공산성 내의 영은사를 거닐거나, 가는 곳마다 어머니에 대한 그리움이 짙어지는 가을이다. 세월이 가면 잊혀진다지만 나이 들어 갈수록, 더더욱 어머니 생각에 가슴이 아파오고는 한다.

요즘 전통시장을 자주 가는 기회가 주어졌다. 종종 드나들며 나는 그곳에서도 예전에 나누었던 어머니와의 대화를 떠올리며 그리워하곤 한다.

“농사 직접 지은 걸 갖고 나와 파는 분들에게는 절대로 가격을 깎지 마라”는 말씀을 딸들에게 남기셨던 내 어머니.

허리디스크를 앓아, 무거운 걸 들지 못하는 어머니를 따라 산성동 큰시장에 종종 왔었다. 우리는 중학동 학관촌에 살았었다. 장날이면 가까이에 오전에만 열리는 오거리 시장에서 장을 보고 오후에는 큰시장으로 갔었다. 가난했고 알뜰하셨던 어머니는 좀 싼거리를 하러 큰시장에 갔었을 게다.

지나다 맘에 드는 좋은 상품을 보고 얼른 사면 좋으련

만 어머니는 한 바퀴 다 돌고난 후 다시 괜찮은 물건을 싼 가격에 팔려고 내놓았던 채소나 곡식들을 사고는 했다. 물론 묶음 단도 좀 커보이는 그런 것들이었다. 그때는 어머니의 뜻을 잘 몰라 투정을 했었다. 아무거나 맘에 들면 사면 되지 왜 그리 오랫동안 돌아다니실까? 싶었기 때문이다. 하지만 어머니의 깊은 뜻이 있었던 게다. 농부들의 마음을 다치지 않게 하면서도 나 자신도 싼 값에 좋은 물건을 구입해야 했던 어머니의 뜻이.

그런 어머니의 동생인 우리 큰 이모 또한 이런 분이셨다.

"하루는 밭에 나가 종일 일하고 들어왔더니 고추 말리는 걸 마당 멍석에서 몽땅 걷어갔더라. 그래도 그건 가슴이 덜 아파. 누가 먹어도 잘 먹었을 테니까. 근데, 일손이 모자라 잘 말리지를 못해 썩어나갈 때가 더 맘 아파. 자주 뒤집어 만져주며 말려야 하는데 밭에가 일하다 보면 그러질 못해. 더구나 비가 오면 애써 농사지은 걸 곯아 버려질 때가 제일 맘 아프지."

"사람 사서 밭에 콩을 심으면 타작을 해도 인건비가 안 나올 때가 더 많아. 그래도 농부는 땅을 놀려서는 안 되는거란다. 도시사람들 먹을 수 있게 농부들은 부지런히 농사를 지어야 돼."

그런 마음씀씀이로 농사지은 곡식들이라서일까? 이모님이 주시는 쌀이나 감자는 사먹는 것들보다 훨씬 맛이 있다.

60의 나이에 세상 뜨시는 외할머니를 보며 환갑이나 지나고 가시지 일찍 가시냐고 그리도 애절하게 통곡하시던 내 어머니는 그만큼도 못살고 쉰셋의 나이에 세상을 떴으니 얼마나 억울하셨을까?

가장 가난하던 시대를 살다간 내 어머니 세대인 듯하다. 할머니 시대에는 머슴이나 부엌어멈도 두고 살았지만 어머니 시대에는 6 · 25를 겪고 개화기를 맞으며 직접 몸으로 고통을 격은 세대인 듯하다.

나라에서 산에 나무를 못 해다 때도록 법으로 막고 산림보호에 힘쓸 때였다. 하여 불 때던 부엌을 모두 개량하게 했다. 툭하면 물이 나오는 아궁이에 젖어 잘 안 타는 연탄불을 숯불에 붙이며 추운 겨울 고생을 했다. 아이들 봐주는 사람도 없이 아픈 몸으로 7남매를 기르며 동네 공동샘에서 물을 길어다 먹고 겨우 펌프를 박아 추운 겨울에도 펌프 물로 그 많은 식구들의 빨래를 해야 했던 어머니.

보리밥도 모자라 배를 굶주리며 살다가 박정희 정권이 들어와 공무원 봉급이 좀 나아지고 보너스가 생길 즈음, 아이들도 커서 좀 형편이 나아질 쯤에 나쁜 병을 얻어 세상을 떠야만 했던 불쌍한 내 어머니.

요즘 웰빙 식품으로 일부러 보리밥을 먹으러들 간다. 가보면 한두 명, 어린 시절 질리도록 먹었던 보리밥이라 냄새도 쳐다보기도 싫어 안 먹는다는 사람들이 있다. 그럴 때나 종종 새어머니를 모시고 병원을 드나들며 이것저것 맛있는 음식을 사드리면서도 이런 대우 한번 못 받고 자식들 키우느라 고생만 하다 이른 나이에 돌아가신 불쌍한 내어머니 생각에 마음이 아프다.

언니, 동생들과 가끔씩 시간을 만들어 이모님 댁도 방문하고 어머니 산소에도 가며 담소의 시간을 보낸다. 어머님이 살아계셨더라면 이모님들과도 더 자주 만남의 기회가 이뤄지련만 어머니가 안 계신 외가는 멀어진다. 아마도 만나면 서로 마음아파서일 게다.

몰려다니는 우리를 보며 언니를 그리워할 이모님이나 이모를 보며 어머니를 그리워하는 우리 여형제들의 가슴은 이렇듯 늘 쉰셋의 아픈 어머니를 떠올리며 가을을 더 쓸쓸히 물들이고 있다.

형제 사랑

향긋한 냉이 된장국 냄새가 온 집안을 훈훈하게 만든다. 황태를 우려내어 된장을 풀고 냉이를 넣고 살짝 끓여낸 된장국, 아마도 이 맛이 많은 사람들이 그리워하고 좋아하는 고향 맛, 어머니의 맛이 아닐까?

명절을 쇠고 나니 먹을 것이 풍요로웠다. 사과에 배, 구기자 강정에 곶감까지…… 요즘은 여러 지인들과 주고받는 선물이 각 지방의 특산물로 다양해져서 조상님들도 혼이 있다면 차례상에서 골고루 맛을 볼 수 있어 더 좋아하실 듯하다. 식구들은 다시 바빠진 스케줄로 먹을 시간이 없고, 혼자 먹을거리를 앞에 두고 보니 형제들이 걸렸다.

매달 월급 타는 형제들이야 그래도 괜찮지만 시골에서 농사지은 곡식을 팔아야만 돈이 되는 언니 하나가 걸렸다. 가까이 사는 큰언니에게 전화를 걸어 과일 좀 나누어 먹을 겸 작은언니와 만날 것을 제의했더니 흔쾌히 동의하였다.

이튿날, 언니와 강경으로 향했다. 따스한 햇살에 차 안은 추위를 몰랐지만 차창 밖에서 들어오는 바람은 무척이나 싸늘한 날씨였다. 이 추위에 과일은 두고 먹으면 되지 그걸 멀리까지 가져 오냐고 사양하던 작은언니는 아파트 살던 사람들은 시골 주택에 오면 춥고 어설프다고 시간도 아껴줄 겸 중간까지 마중 나오겠다고 했다.

가끔 언니네 갈 때마다 들르고 싶었던 성지 나바우성당이 생각났다. 그곳도 들러볼 겸 성당에서 만날 것을 약속하고 떠났는데 약속한 시간보다 좀 일찍 도착하였다. 그동안 성당을 둘러보자면서 차에서 내리는데 작은언니와 형부는 벌써 그 계산까지 하고 떠나신 듯 먼저 도착해서 우리를 반갑게 맞이해 주었다.

추위 때문에 성당을 대충 둘러보고 자동차 안으로 들어갔다. 햇볕 따스한 차 안은 금방 훈훈한 레스토랑이 되었다. 우리 세 자매와 형부는 끓여온 차를 마시면서 잠시 그간의 소식들을 주고받으며 짧은 만남의 시간을 가졌다.

"줄 건 없고 그래서 아침에 냉이를 캐러 나갔는데 땅이 얼어서 호미가 튀더구먼. 조금밖에 못 캐었으니 국이나 한 번씩 끓여 먹어봐."

영하 10도라고 아침뉴스에서 나오는 걸 봤는데 이 날씨에 나물을 캐다니……

"영주엄마가 영 안 보여서 한참을 찾았더니 글쎄 밭에서 나물을 캐고 있잖아! 오늘 같은 날씨에……"

어이없어하면서도 서로의 형제 사랑에 감격하는 듯한 표정으로 형부가 말씀하셨다. 그 추위에 캔 나물이라서 이리 맛이 있는 것일까? 다녀와 국을 끓이니 사다먹는 냉이와는 영 다른 아주 진한 향기의 나물국을 나는 오래오래 음미하며 맛있게 먹었다.

김장철 말려놓았던 무우청 시래기를 세 시간이나 삶아 헹구고, 보름 밥 해 먹으라면서 보관했던 배추며, 유정란에 팥, 콩, 돔부콩, 골고루 싸서 이건 엄마네꺼, 이건 너네꺼, 이건 큰언니꺼. 봉지봉지 담은 보따리를 받아오며 우린 코끝이 찡했다.

이런 정을 우리 아이들도 느끼며 형제애를 키워갈 수 있을까?

요즘 행정수도 이전으로 갑작스레 큰 부자가 된 사람들을 본다. 감히 들어보지도 못했던 몇 십 억대 부자들. 근데 그 부자들의 들려오는 속사정은 같은 형제간에도 누가 더 많이 받았나가 관심사지 내가 부모로부터 물려받아 이렇게 부자가 된 것에 대한 감사함은 찾아보기가 힘들다는 것이다.

우리 세대들은 대부분 부모의 재산을 못 받은 세대들이다. 그래서 우린 그 어려운 계산을 하지 않았기에 이렇게 따스한 사랑을 서로 주고 싶은 것이 아닐까?

큰어머님의 소망

십여년 전 길가에 곱게 핀 코스모스가 바람결에 흔들리고 찬바람이 불기 시작 했을 때였다. 동갑이었던 친정 큰아버님 내외분께서 그때 87세였는데 큰어머님께서 해소병이 짙어 중환자실에 누워계셨고 백부님께서는 대기실에서 눈물을 흘리며 울고 계셨다.

"네 큰엄니 불쌍해서 어쩐다냐. 내가 먼저 가야 하는디……"

몇 년 전부터 큰어머님께서는 이야기 끝에 늘 이런 말씀을 하셨다. 남편보다 1년만 더 살다 죽는 것이 원이라고.

“나도 이젠 애들 손에 밥 좀 얻어먹다 죽고 싶어.”

큰어머님의 간절한 소망이었다. 14살에 종손며느리로 시집와 살면서 얼마나 밥하는 게 지겨웠으면 죽기 전 소망이 누구 손에 ‘밥 얻어먹는 것’이었을까? 그래 생각해 보니 나무로 불 때서 밥하던 큰어머님의 부엌과 숯불 화로에 보글보글 된장 끓이시던 모습이 생각났다. 냉장고도 없던 시절에는 손님이 오면 소금단지에 잘 묻어 두었던 새끼굴비 몇 마리를 꺼내 밥솥 뜸들일 적에 양은 그릇에 얹어 찌어내던 것도 기억이 난다. 어찌 힘들지 않았으랴. 더구나 종가 종손며느리니 종종 돌아오는 기일마다 얼마나 일이 많았겠는가.

면회시간 외에는 가족들도 만날 수 없는 중환자실에서 산소 호흡기에 의지하며 며칠 계시던 큰어머님께서는 어지간히 힘드셨나보다. 죽어도 좋으니 이젠 제발 집으로 데려다 달라고 가족들에게 애원하셨다.

간절히 원하시는 모습을 보고

“이제 죽어도 할 수 없으니 마지막 가는 길 원대로 해줘라"라는 백부님의 결정으로 큰어머니를 시골집으로 모셨다.

그런데… 당신의 소망을 이루시려했는지 다시 회복해 일어나셔서 오순도순 두 분이 다시 몇 개월을 더 사셨다. 그러던 어느 날, 마나님 원대로 해주고 싶으셨는지 백부님께서는 크게 아프지도 않으셨는데 점심 잘 잡숫고 큰어머님 두어 시간 동네 마실 다녀오니 낮잠 자듯 고통 없이 웃는 모습으로 운명하셨다.

큰아버님이 떠나시고 큰어머님은 원대로 큰며느리 손에 1년 이상 밥을 잘 얻어 잡숫다 돌아가셨다.

14살에 혼인해 17살에 아들을 얻었던 애기부부로 싸움도 잘 하셨지만 정 좋게 사셨다. 마나님 평생 밥시켜 먹어 불쌍하다고 울던 큰아버님도, 며느님 손에 밥 얻어먹다 가고 싶다던 큰어머님의 소망도 모두 이루고 돌아가신 셈이다.

지금은 냉장고와 냉동고까지 반찬 저장해 놓기도 예전에 비해 많이 간편해졌고 살림살이가 몹시 편해졌는데도 식사 준비하는 걸 주부들은 아직도 부담스러워하며 산다. 늘 똑같은 일의 반복에서 오는 스트레스일까? 그로 인해 퇴직 후 남편들이 집에서 밥을 세끼 다 먹는 걸 삼식이니 두식이니 말까지 지어 나오는 게 아닐까 싶다.

어느 신문에서 보니 퇴직 후 어떤 남성은 부인이 밥 차려 주는 걸 귀찮아 여기는 것을 느끼고는 요리강습에 다녀 자신이 식사준비를 종종 하고 자신의 밥을 혼자서 넉근히 해결하게 되자 둘 다의 스트레스가 다 날라 가더라고 쓴 걸 봤다.

이제는 모두의 행복을 위해 남자들도 기꺼이 앞치마를 두를 필요가 있는 시대가 된 것 같다. 자신의 식사해결은 물론 바쁜 아내를 위해서는 종종 상차림과 요리도 해보는 멋진 남자가 되어야만 모두가 즐거운 삶이 될 것 같은 생각이 든다.

어쩌면 큰아버님께서도 일찍이 앞치마를 두를 줄 알았더라면 두 분의 삶이 훨씬 더 행복하지 않았을까? 남자가 부엌에 들어가면 큰 일 나는 것으로 교육받고 산 시대에 살았던 사람들의 또 하나의 아픔이 아니었을까.

아니, 지금도 많은 여성들이 큰어머님처럼 주방으로부터의 해방을 소망하고 있을게다.

딸과 며느리

요즈음 또래 모임에 가면 아들과 사위의 이야기나 딸과 며느리 이야기들로 꽃을 피운다. 인터넷에 떠도는 신종어들을 거론도 해가며 닥쳐진 처세에 대해 생각들을 한다. 이런 대화나 토론은 장모님이나 시어머니들의 공부시간이 되기도 하고 혹 고민거리가 있으면 해결의 실마리를 찾을 수 있기도 하다.

"딸이 아기를 낳을 때는 가슴이 미어지도록 아팠어요. 눈물이 막 나고 저쪽에 누워있는 아기는 보고 싶지도 않고 딸만 가엾고 딱해서 혼났어요. 근데 며느리가 아기를 낳았을 때는 아기가 먼저 눈에 들어 오대요. 참 이상하죠? 며느리 아픈 것은 그렇게 가슴이 미어지지도 않고 말이에요. 아기를 보다보니 며느리가 눈에 들어오는데 미안했어요."

너무나 솔직한 말이다. 당연히 핏줄과 핏줄이 아닌 것과의 차이일 게다. 그러니 사위가 밥상을 번쩍 들고 들어가면 예쁘고 아들이 들고 들어가면 왜 그리 밉냐는 어느 어머니의 말을 공감하게 되지 않던가.

나의 시어머니께서도 무척이나 마음씨 고운 분이셨는데도 내가 첫아이를 낳을 때 남자가 아이 낳는 것을 보면 명줄이 짧아진다고 아들은 여관방에 가서 자고 오라 보내시고는 여러 시간 괴로워 몸부림치는 나에게,

"다른 사람은 그리 소리를 안 지르는데 왜 너는 그리 소리를 지르느냐?"고 하셨다. 이 말씀이 세월이 흐를 만큼 흐르고 지금은 돌아가셨음에도 그 생각만 하면 섭섭하다.

아홉 달 만에 양수가 터져서 촉진제 주사를 놓아가며 억지로 유도분만을 해야 했기에 나는 다른 사람들보다 더 아팠으련만 그걸 이해 못 하시고 야밤에 아기를 기다리

기 힘드셨던지 불쑥 한 말씀 하신 것이 친정엄마가 일찍 돌아가셔서 안 계신 나는 그 설움까지 겹쳐서 얼마나 섭섭했는지…

조산이니 혹시나 인큐베이터에 아기를 넣어야 할지 모르는 상황이어서 종합병원에 가서 아기를 낳았었다. 6인용 병실에서 이십대 초반의 산모들은 회복도 빨라 아기를 낳고도 금방 회복되어 가볍게 돌아다니는데 스물여덟에 초산을 한 나는 노산인 탓인지 회복도 늦고 무척이나 힘이 들었다.

지금이야 결혼 평균연령이 34세라니 서른이 훌쩍 넘은 산모들이 대부분이지만 그때만 해도 병실의 산모들 중 내가 제일 노산 측에 끼었다.

분만하며 통증으로 힘들었을 때 다른 산모들은 친정엄마가 곁에서 간호하며 함께 아파하는 모습들이 얼마나 부러웠는지 모른다. 고통스러워 하는 딸이 안쓰러워 안절부절 못하던 엄마들이었다. 그래서 엄마는 아니어도 핏줄이 곁에 있어줘야 한다는 생각에 동생들이 아기를 낳을 때는 꼭 병원에 가서 분만의 고통을 함께 감내하고 오고는 했다. 그 힘든 고통의 시간에 조금은 위로가 될 듯해서이다.

요즘 신종어 삼대 바보 시리즈에 며느리를 딸로 착각하는 것, 재산 자식에게 주고 용돈 얻어 쓰는 것, 나이 들어 아파트 평수 넓히는 것이라는 말이 떠돈다.

그래도… 딸이 없는 나는 며느리들과 잘 지내는 시어머니이고 싶다. 친정엄마처럼 똑같이는 안 되겠지만 그에 버금가게 편하고 따뜻하게 대화할 수 있고, 마음과 정을 나눌 수 있는 그런 고부사이가 되고 싶다.

어느 선배님이 그랬다.

"3년간 무조건 잘했어요. 못마땅해도 다 받아주며 무조건 잘하기만 했더니 내 맘을 알고 하루는 감격의 눈물을 흘리더니 이제 저도 잘하며 잘 따라와주대요."

그럴 것이다. 잘 하다보면 아주 못된 며느리가 아닌 다음에야 부모 맘을 알아주겠지. 더구나 나의 며느리 될 아이들은 둘 다 얼굴만 예쁜 게 아니라 성품도 고와보였다.

며칠 전, 며느리 될 아이가 "제가 발라보니 좋은 것 같아서 샀어요. 어머니도 발라보세요." 하며. 좋은 화장품을 하나 선물로 주었다.

나도 갖고 있던 소지품 중 아껴두었던 새것들은 둘 중 누가 더 필요할까?를 생각하며 나누어 주기 시작했다. 뭘 주어도 아깝다는 생각이 안 드는 걸 보니 그것이 사랑인가 보다.

산천이 아름답게 물들어가는 이 가을에 늘 지금처럼 서로 고운 마음들을 가꾸며 살았으면 하는 소망을 품으며 두 며느리들을 딸로 여기고 싶은 욕심을 가져본다.

미역국과 어머니

윗집 새댁이 동해안 친정에 다녀왔다고 자연산 미역을 가져다주었다. 물에 담가 보니 싱싱하고 파아란 미역이 살아나며 금방 파도 소리가 들리고 바다냄새가 물씬 나는 것 같다.

어머니가 살아 계셨으면 이렇게 좋은 미역국을 끓여 드릴 수 있을 텐데 싶어 뜨거워지는 눈시울에 먼 하늘을 올려다본다.

딸만 내리 다섯을 낳으셨던 어머니는 그 모두가 어머니 탓인 양 숱한 세월, 아들을 낳을 때까지 죄인처럼 사셔야 했다. 딸을 낳을 때마다 산바라지 하러 오셨던 할머니는 또 딸이라고 화만 내시다가 국도 안 끓여 주고 가버리셨고, 그를 감내해야 했던 어머니의 고충을 어찌 헤아릴 수 있으랴.

아버지께서 서툰 솜씨로 끓여다 주시는 미역국이 모래로 으지적거려 도저히 잡수실 수가 없었다는 어머니는, 간신히 두 세끼 얻어 잡숫고는 일어나 다시 밥 짓고 빨래하는 일을 시작하셔야만 했다. 그래서였을까? 늘 아프셨던 내 어머니는 쉰셋의 젊음에 먼 하늘나라로 가셔야 했다.

지금은 당신의 딸들이 당신의 나이를 넘기어 당신보다 더 주름져가고 있는데도, 언제나 가실 때 그 모습으로 우리 7남매의 가슴 속에 살아계신 어머니. 어머니는 어찌 보면 대단한 욕심쟁이신지도 모르겠다.

7남매 중 셋째 딸인 내가 결혼을 하던 해, 어머니는 그 3년 전에 치료받은 자궁암이 재발되어서 하루하루 고통 속에 견디다 돌아가셨다. 얼마나 힘들었으면, '억울해'라는 말을 남기셨을까?

지독하리만큼 규모 있고 알뜰히 사셨던 어머니셨는데, 얼마 남지 않은 생을 가늠하셨음인지 그해 여름 가족 모두 모이라 하셨다. 시집간 딸, 사위 모두 함께 가족소풍 가자시며, 맛있는 것 사라, 택시 불러라, 단 한 번 넉넉히 돈을 쓰셨다. 계룡산 갑사 한적한 골짜기를 골라, 손주들 물놀이시키며 지켜보시고 즐거운 하루 보내시더니, 휑한 눈매의 사진 한 장 달랑 남겨놓고 몇 달 후 돌아가셨다.

아이들 셋 키워봐야 부모 공을 안다는데, 둘만 낳아 기른 내가 어찌 어머니의 그 많은 고충을 알겠는가. 그동안 살아가며 철없던 이 딸은 어머니가 아쉬워서 더 많이 그리웠었다.

두 아이를 낳을 때 배가 너무 아파 참을 수가 없어 혼자 엄마를 부르다 옆 침대를 보면, 친정어머니 손을 잡고 고통을 이기는 산모들이 보였다. 딸보다 더 고통스러워하는 모습으로 딸을 간호하는 그 어머니들을 보고 어찌나 부러웠는지. 왜 그리 내 어머닌 일찍 가셨냐고 원망을 하며 눈물이 나곤 했다. 그 뒤부터 나는 여형제들의 해산 땐 친정어머니를 대신하여 꼭 곁에서 지켜주곤 했다.

그 많은 아픔들을 겪으면서야 어머니의 고충과 고마움을 다소나마 헤아릴 수 있었기에, 철없던 시절 원망만을 일삼았던 죄스러움이 더해가지만, 갚을 길 없음에 안타까움만 쌓인다.

며칠 전 큰아이의 생일날이었다. 생일 선물을 달라는 아이에게, 네가 태어나던 날 지금 이 시간에 엄마가 얼마나 고통스러웠는지 아느냐며 그때의 기억을 들려주었다.

"이제 생각하니, 선물은 엄마가 너에게 받아야 할 것 같아. 고맙다고 말이야."

라고 웃음 섞어 말하고 나니, 가슴 속에 또다시 어머니에 대한 죄송스러움이 차오른다.

당신께선 그리 사셨으면서도, 아버지 생신은 물론 아이들 생일에 한 해도 거르지 않고 꼭꼭 미역국에 수수팥떡을 해주시곤 하던 어머니셨다. 당연한 듯 미역국을 받아먹던 철부지의 나, 그리고 우리 형제들…. 이제 어머니가 아니 계시니 어찌해야 좋단 말인가.

요즈음 그나마 내가 어머니께 할 수 있는 일은, 내 생일이 다가오면 산소에 가 뵙는 일이다. 산소에 가서 엎드려 절하며 죄송타고 열 번 백 번 외치지만, 듣고 계시는지 알 길이 없다. 터덜터덜 산을 내려오며, 어쩌면 하늘에서 바라보고 계실 것 같아 자꾸만 파란 하늘을 올려다 본다.

아, 어머니!

내 생일에 어머니께 단 한 번만이라도 미역국을 끓여드릴 수 있으면 얼마나 좋을까?

십년 감수

쏙쏙쏙 발의 통증을 느끼며 고통스러움에 잠에서 깨어났다. 지금이 몇 시일까? 시계를 보니 오후 4시, 잠시 낮잠이 들었었나 보다. 아직 식구들 중 누구라도 올 시간은 멀었는데 배가 고프다. 화장실로 가기 위해 침대에서 살며시 일어났다. 목발을 짚어 볼까? 아니, 엉덩이로 이동을 해보는 것이 나을까? 아까 화장실 가는 길에 목발로 이동을 했더니 겨드랑이가 아직도 뻐근하다. 목발이 내 키에 잘 안 맞아서 더 그런 것 같다. 뚱뚱한 몸을 남의 다리에 맡기고 걷는다는 게 결코 쉬운 일이 아님을 알겠다.

침대에서 내려와 엉덩이로 뭉그적뭉그적 욕실 문 앞까지 오면서 주운 머리카락이 열 개는 되는 양 싶다. 땀을 뻘뻘 흘리며 문 앞에 도착, 이제부터는 일어나는 일이 또 큰일이다. 한 손으로 문의 손잡이를 잡고 오른 발에 힘을 주면서 반쯤 일어났을 때 왼쪽 수건걸이에 걸린 수건을 힘껏 잡으면 안 넘어지는 요령을 며칠 새 터득했다. 근데 어쩐담, 수건걸이에 수건을 누가 치웠어? 엄마가 그 수건에 의지하고 일어난다는 걸 알 리 없는 아들이 아침에 몽땅 걷어다 세탁기에 넣었나보다.

가까스로 욕실에서 나와 주방을 바라본다. 의사선생님이 상처가 빨리 나으려면 비타민 섭취를 많이 하라 했는데 냉장고에 토마토라도 꺼내 먹었으면 좋으련만 생각하다가 움직인 발의 심해진 통증으로 단념하며 다시 기어 침대로 향한다. 두툼한 엉덩이 살인데도 배겨 엉치 뼈가 아프다. 마른 사람이 아프면 얼마나 더 배겼을까? 잠시 생각하는 순간 픽 웃음이 나온다. 주제에 지금 누구 걱정?

며칠 전, 효도를 한답시고 친정아버지 점심을 사드리러

외출을 했다가 실수로 넘어지며 왼발에 큰 상처를 냈다. 아픈 발을 싸안고 죽을 힘을 다해 참으며 119를 기다리는 딸의 고통스런 모습에 놀라서 안절부절 못하며 딸보다 더 아파하는 아버지의 모습이 순간순간 눈에 보인다.

"아버지, 별거 아니니까 숨 좀 돌리시고 점심 잡수세요. 병원 가서 치료받고 애비한테 연락해서 집에 갈게요."

그건 순전히 딸 맘이지, 아무리 팔십이 넘으셨기로 밥이 넘어갈 아버지겠는가. 119 차에 함께 타겠다는 아버지를 말리고 조카와 함께 119 봉고차에 올랐다. 응급차는 왜 그리 흔들리고 병원까지는 또 왜 그리 오래 걸리는지. 하긴 앞차가 가야 갈 수가 있지 응급차 길이 따로 있는 것도 아니니까. 명 짧은 놈은 가다가 지레 죽겠네. 고통에 입이 타들어 간다. 함께 탄 조카가 흔들리는 다리의 통증에 고통스러워하는 이모를 보며 가는 내내 힘이 들텐데도 다리 한쪽을 들고 갔다.

병원에 도착하니 큰 사고라도 당한 환자인 양, 응급실 직원들이 뛰어나와 신속하게 운반을 한다. 엑스레이를 열 번은 찍었나보다. 천만다행히 뼈에는 이상이 없단다. 외상 치료에 들어갔다. 커다란 소독약을 상처에 두 병이나 들이붓는다.

'좀 아플 거예요'하더니 수세미 같은 걸로 피나는 발등을 벅벅 문지른다. 상처에 박힌 돌, 시멘트 등을 빼내기 위해서다. 깊이 박혀 있는 건 핀셋으로 빼낸다.

아! 너무나 아프다. 신음소리를 내며 있는 힘을 다해 참고 있는데 어느 새 아버지와 언니가 옆에 와 계신다. 큰아들 녀석도 달려 와 있다. 그들의 표정은 나보다 더 아픈 듯 찌푸린 얼굴들이다. 그래서 혈육인 게지.

병원에서 나오니 오후 4시, 우리 모두 그때까지 점심을 못 먹었다는 생각이 났다. 아픈 건 아픈 거고 식구들 밥은 먹어야 되지 않는가.

"아버지, 우리 밥 먹으러 가요. 나 배고파."

"그 다리로?"

"괜찮아요. 진통제 맞아서 괜찮아요. 완이가 왔잖아요. 완아, 엄마 좀 부축해봐."

앓느니 죽는다고 차에서 내리게 해 부축여 보더니 번쩍 안고 식당으로 들어간다. 새끼가 이렇게 편하고 좋은거구나, 애써 키운 보람을 느낀다. 딸이 배고프다는 말에 입맛도 없으시련만 하는 수 없이 식당으로 따라 들어가 칼국수를 잡숫는 아버지를 바라보니 몇 시간 사이에 핼쑥해지신 듯하다. 죄송스럽기 그지없다. 효도한답시고 십년 감수해 드린 날이다.

4부

해피 베이비 파이팅!

아름다운 그림자

시간적인 여유가 생겨서일까? 아님 나도 나이를 먹어가는 까닭일까? 목욕탕에서 노인을 만나면 자주 눈길이 머문다. 혼자 온 노인을 보면 왜 혼자 오는지 자식이 함께 안 사는지 묻게 되고 등을 밀어주기도 하며 잠시 말동무가 되어주기도 한다.

젊은이들과 함께 온 노인을 보면 딸과 함께 왔을까? 아님 며느리일까? 관심을 가져 보기도 하며 나름대로 많은 생각에 젖어든다. 그날도 한 노인을 자상하게 돌보는 중년부인이 눈에 띄었다. 노인을 다 닦아드리고 그분이 자기 몸을 닦으러 간 사이 탕 속에서 그 노인과 대화를 나누게 되었다. 함께 오신 분이 딸이냐고 여쭈어 보니,

"내 그림자라우. 작년부터 함께 사는 셋째 며느리인데 그림자처럼 따라다녀요. 그저 넘어질세라 한 시도 떨어지질 않는다우."

올해 여든 여덟이 되셨다는 그 노인은 며느리가 얼마나 마음에 들게 잘했으면 그림자라는 표현을 할 수 있었을까?

순간 나는 부러움과 부끄러움을 동시에 느꼈다. 나도 시어머님을 모셔봤지만, 철없던 삼십대여서 그때 당시에는 최선이라 생각하며 모신 일들이 지금 생각하면 죄송스럽고 후회스럽기만 하다.

남들은 돈 많은 집에 시집가 걱정 없이 잘들 살건만 나는 젊은 나이에 왜 이리 살아야 하나?하고 아픈 어머니 생각보다 내 자신을 더 억울해했다. 가난한 것만으로도 속상한데 시어머니 생활비에 약값에, 나중에는 중풍든 어머니 소대변 시중까지 들어야만 하는 것이 그저 야속하기만 했다.

맏이도 아닌데 왜 내가 모셔야 하는가?하는 억울한 마음도 지울 길 없었고 그간 어머님이 내게 서운하게 한 일들이 클로즈업되어 미운 맘이 가시지 않아 더 힘이 들기도 했었다. 칠십 나이에 중풍으로 쓰러지셨던 시어머님이 10년은 더 살아야 된다고 몸부림칠 때 그분을 이해하기보다는 쉰 셋의 젊음에 돌아가신 친정어머니를 떠올리며 과욕같이 느꼈으니 우리 시어머님도 일찍 간 사돈 때문에 피해를 보신 셈이다. 팔, 구십이 되어도 정정하신 분들이 얼마나 많은가?

어머니도 불쌍하고 나도 불쌍해서 눈물짓던 많은 날들이 지나고 보니 후회와 아쉬움 투성이인데 그땐 왜 그리 힘들기만 했을까? 하루 하루가 왜 그리 길고 어머님 시중으로 보내는 갇혀진 날들이 그리도 억울하게만 느껴졌는지…… 지금쯤의 나이에 경제 사정이 지금만 같아도 훨씬 여유롭게 어머님을 보살펴 드릴 수 있었으련만, 아쉬운 생각이 든다.

목욕탕에서 만난 그 그림자 아주머니는 셋째 며느리임에도 남편의 퇴직과 함께 자청해서 시어머니를 모시러 들어왔다고 한다. 며느리 들어오기 전에도 일하는 사람은 두고 살아 직접 밥은 안 해먹었다는 노인이시니, 경제적인 어려움은 없어 보이나 그림자 아주머니가 돈을 보고 잘하는 것은 정녕 아닐 것이다.

며느리의 보살핌을 고마워하는 노인이나 힘들어도 정성스럽게 모시는 그림자 아주머니의 마음이 변치 않길 기대하며 목욕탕을 나오는데 그녀의 아름다운 모습이 오래도록 나를 따라왔다.

아름답게 살다 간 사람

여름이 무르익어 가던 유월의 마지막 주, 동인 M여사가 묻혀있는 공원묘지에 올랐다. 그의 남편이 다녀갔을까? 뜨거운 햇살아래 아직도 싱싱한 국화 꽃바구니가 덩그러니 놓여있었다. 참 빠르기도 하다. 겨우 마흔 살의 그를 보내며 모두들 가슴 아파 울부짖던 때가 엊그제 같은데 벌써 5년이 흐르다니……

함께 간 동인들과 그녀에 대한 추억들을 이야기 하며 가져간 조화를 묘 둘레에 예쁘게 심어주고 있는데 주변의 한 무덤 앞에 한 오십쯤 돼 보이는 덩치 좋은 한 남자가 묘의 잔디에 가위질을 열심히 하고 있었다. 공원묘지는 함께 관리를 해주고 있어 따로 잔디를 깎아주지 않아도 되건만 이 더운 날씨에 정성이구나 싶어 자꾸만 눈길이 갔다.

더욱이 그 묘 앞에는 아름다운 꽃들이 다른 묘들보다 유독히 많이 놓여져 있었다. 누구의 묘일까? 아마도 부인의 묘인가 보다고 우리는 입을 모았다. 아무리 부인의 묘라도 이 더위에 어쩌면 저리 정성스러울까? 그분의 정성에 탄복을 하며 남편의 앞에 가서 묻혀 저런 사랑 받으면 죽어서도 행복하겠다고 이야기를 나누기도 했다.

그분이 우리보다 먼저 묘지를 떠났기에 우리는 궁금증에 그 묘 앞을 들렀다. 그 행복한 분의 묘비라도 한 번 읽어보고 싶어서였다.

권사 이보은의 묘

오른손이 한 일을 왼손이 모르게 하라는 주님의 말씀을 이루고 아름답게 살다 가신 하나님의 딸 이곳에 잠들다.

1916. 4. 28 - 1999. 10. 2

그분의 부인이 아니고 어머니 묘였음을 나이로 보아 어림할 수 있었다. 더욱더 놀라운 것은 묘비의 뒷면을 보고 나서였다. 子란에 적힌 자녀들은 성씨가 같지 않고 거의 대부분 각 성이었다. 김가, 이가, 박가……. 각기 다른 여러 성씨의 아들딸이 열둘이었고 또한 각 성의 손주가 열네 명, 증손이 다섯이었다. 그렇다면 그 이보은 여사님은 여러 명의 자녀를 입양해서 길렀다는 결론이 아닐까?

갑작스레 뜨거운 눈물이 울컥 나오며 가슴 가득 그분에 대한 존경스러움과 부러움이 일었다. 어찌 그런 삶을 살 수 있었을까? 그런 삶을 사셨기에 기일도 아닌 이 더운 날씨에 그의 아들은 어머니 생각에 산소를 찾아 잔디를 깎으며 고마움을 잊지 않고 새기고 있었으리라.

잠시 동안이나마 나는 많은 생각들이 스쳤다. 저렇게 친자도 아닌 아이들을 여럿 길러낸 분도 있는데 내 아이들 둘을 기르면서도 그것도 힘들다고 곧잘 엄살을 떨며 아이들과 실랑이를 벌이는 것 하며 나는 참 잘못 산 것은 아닌지 하는 생각을 해본다.

이 다음 내 묘비에 새겨질 글을 생각해서라도 부끄러운

삶을 살아서는 아니 될텐데. 그 분을 생각하며 내 삶에도 변화가 오기를 빌어본다.

저문 들녘에 스미는 외로움

검게 탄 피부에 주름이 자글자글한 농촌의 할머니, 할아버지들……

한의원을 드나드는 그들과의 생활에서 틈틈이 대화를 나누면 모두 내 어머니 아버지 같고 할머니 같아 가슴이 아프고 저려온다. 처음 만나는 분들도 전혀 낯설지 않음은 그들만이 지니는 공통점이 있어서리라.

어려서부터 논밭에서 잔뼈가 굵었고, 70이 넘도록 매년 논밭에서 곡식을 일구며 웃고 울며 자식들 뒷바라지에 여념이 없이 살아온 그들.

이제 그들에게 남은 것은 무엇일까?

그들의 손길을 기다리고 있는 못 본 척 할 수도 없는 지겨운 너른 들과 마디마디 저리고 아파오는 병들은 몸. 그리고 하소연 할 곳조차 없는 외로움이다.

더러는 자손을 잘 두어 농사 그만 지으시라고 도시로 모셔간다거나 시골에 사셔도 절대 일하시지 말라고 신신당부하는 자식도 있지만, 그 너른 땅을 어찌 놀리란 말인가? 삯을 준다 해도 대신 일 해줄 젊은이가 농촌에 몇이나 남아 있다던가? 그리고 모셔 가본들 닭장 같은 아파트에서 숨통 터질 듯해 사는 게 아니라 지옥이라고.

어차피 당신들의 남은 삶을 살 곳도 묻힐 곳도 이곳 시골이고 농사일도 목숨이 붙어 움직일 수 있는 한 자신들의 몫이라고 그들은 생각한다. 아픈 몸으로 봄이 오면 다시 씨앗을 뿌리고 가뭄에 애태우며 비를 기다리고, 또는 장맛비에 씻겨 내려가도 한숨쉬며 다시금 모종을 하여야 한다. 그렇게 가꾸면서 병충해들 때문에 농약통을 지고 다녀야 하고 하루하루를 그리고 또 한 해를 그렇게 보내곤 한다.

근근이 살고 있는 것 같은 객지의 자식들에게 손 벌릴 수 없다고 틈틈이 야채며 과일을 갖고 나와 땡볕에서 팔고있는 노인도 많다. 더러는 건강해서 용돈을 벌어 쓰는 노인도 있지만 하루 종일을 앉아 팔아야 차비에 병원 치료비 정도 겨우 버는 노인들이 대부분이다.

개중에는 치료비 이삼천 원이 아까워서 병원 치료도 맘 놓고 받지 못하는 노인들. 그래서 찾는 곳이 보건소의 무료 진료소이다. 잠깐 치료를 받기 위해 진종일 기다리다 지쳐버리는 그들. 그런 그들을 보면 안타깝기 그지없다.

종종 듣는 이야기지만 최근 들어 몇 사람이 죽게 된 사연을 듣게 되었다.

환갑을 앞둔 한 분은 아들들 대학 공부까지 잘 시켜 결혼을 시켰는데 작은아들 결혼 자금으로 농협 돈을 이천만 원 빌려 썼단다. 1년 내내 죽도록 하우스 농사를 지었는데 잘 안 되어서 오백만원 밖에 갚을 수가 없게 되자 늘 속이 상해 푸념을 하고는 했는데… 어느 날 땡볕 밭에서 일하다 말고 푸념을 하더니 슬그머니 나가서 돌아오지 않았다고 한다. 기다리던 부인이 궁금함에 집으로 가 보니 이렇게 살아서 뭐하냐고 무슨 희망이 있어 살겠냐고 먼저 간다는 유서를 써놓고 막걸리에 풀약을 타서 마시고 괴로움에 몸부림치고 있더란다.

독이 몸에 퍼지면서 얼마나 괴로웠겠는가? 연락받고 온 두 아들과 부인과 함께 한 덩이가 되어 몸부림치는 것을 보며 동네사람 모두들 안타까워 못보겠더라고.

졸지에 착한 부인과 두 아들을 불효자로 만든 노인을 동네분들은 욕했다지만 죽는 사람이야 또한 오죽해야 죽었을까?하는 생각이 든다. 얼마나 하루하루 살기가 고통스러웠으면 그런 선택을 해야 했을까? 죽을 결심 또한 얼마나 어려운 일인가?

또 한 사람의 경우도 비슷했다.

자손을 여러 남매 잘 두었고 주머니도 두둑한 부잣집 할아버지였지만 당뇨에다 고혈압에 몸이 늘 괴로웠다. 놀릴 수 없는 논밭 일에 힘들고 고달픈 삶이었고 그보다도 어쩌다 오는 자식들을 기다리며 살기에는 너무 외로웠다. 함께 사는 부인도 몸이 아파 늘 짜증이었고 정붙일 곳이 없으셨나보다.

하루는 자식들에게 하나하나 전화를 해서

"아버지 죽겠다. 보고 싶으니 좀 오거라"하니 술만 잡수면 늘 하는 잔소리로 듣고

"아버지 왜 또 그러셔요. 뭐가 부족하신가 말씀 좀 해보세요. 주말에 갈 테니 잘 좀 계셔요."했다 한다.

전화를 여러 자식에게 해봤자 달려오는 자식 하나 없고 모두들 왜 그러시냐는 말뿐이니 속상한 나머지 풀약을 잡수였단다. 약을 먹고나니 얼마나 괴로웠겠는가. 다시 전화통 붙들고

"아버지 약 먹었다. 괴로워 죽겠다, 이젠 진짜 죽는다. 에고~~" 전화를 하며 신음하셨다니 먼 데서 자식들이 달려온들 이미 때는 늦었지 않는가?

어떤 노인은 따로 사는 작은아들네 마늘 몇 접 주었더니 같이 사는 큰며느리 골 부리며 몇 마디 했다고 훌쩍 풀약을 마시기도 하고.

어찌 며느리 말 몇 마디에 삶을 포기하셨겠는가? 하루하루 살아가는 삶 자체에 의미를 못 느껴서일 테지.

그것이 지금 많은 시골 사람들의 현실이다. '차라리 얼

른 죽기나 하면 좋으련만 죽지도 못하고 사는 것이 괴로워 죽겠다'는 말을 한의원을 드나드는 노인들에게 나도 수없이 듣는다. 또한 그 말이 건성으로 하는 것만은 아니라는 것을 느낄 수 있다. 모두들 생각뿐 실천에 못 옮기고 산 목숨이니 할 수 없이 살아가는 게지.

몸도 마음도 아프고 외롭기만 한 그분들께 따스한 몇 마디의 말이 위로가 되는지 아들, 며느리 이야기며 할아버지가 소싯적 바람 피워 속썩은 이야기 등 가슴 가득 들어 있는 화 보따리를 틈틈이 풀어놓고는 한다.

오늘은 혼자 사는 할아버지가 농사지은 거라며 옥수수를 가져 오셨다. 감이나 밤이며 틈틈이 조금씩 가져다주는 그분들. 그들에게는 고맙게 받아 먹을 수 있는 사람이 가까이에 있다는 것만으로도 좋은 것이리라.

과연 지금 우리는 외롭고 고달프기만 한 그분들에게 어떤 도움을 주어야만 하는 것일까? 잠자리에 누워서도 문득문득 생각이 난다.

누가 그들을 죽였는가

귀산 마을 털보 아저씨가 죽었단다. 그 착한 아저씨가……

내게 새치 같은 아우가 하나 있다. 어려운 손님이 온다거나 해서 감추고 싶은 자리엔 꼭 먼저 나타나 우리 속을 썩이던 모자란 동생이.

어려서 약을 잘못 먹인 후로 지능 발달이 늦어져 초등학교만 간신히 졸업해야 했던 그 동생 때문에 늘 걱정이었다. 친정어머니가 많이 아프실 적에도 '저것 땜에 나 죽을 때 눈도 못 감고 죽을 것 같다.'하시더니 정말 눈도 못 감으시고 세상을 뜨셨다.

어머니 걱정처럼 새어머니가 오신 뒤로 그 동생 때문에 집안에 큰소리가 가끔씩 나고는 했다. 모자람으로 생기는 작은 일들 때문에 늘 식구들에게 지청구를 듣기 마련이지만, 새어머니가 야단치는 것을 본 동네 사람들은 큰일인 양 소곤대며 차라리 시집보낼 것을 강력히 권고했다.

형제 누구 하나 그를 책임질 수도 없는 일이고 그들이 권하는 대로 가난해도 먹고사는 데는 지장이 없다기에 시골로 시집을 보냈다. 하지만, 막상 보내고 보니 농사짓고 있는 논 열 마지기는 사촌 형님 땅이었고, 기어들어가야 할 만큼 낮고 낡은 집은 장롱 하나 들여 놓을 수가 없는 가난한 집이었다.

형제들도 그때는 다 제 살기 바빠 도와줄 시간도, 경제력도 없을 때고, 어쩌다 가보면 가슴이 아프고 며칠 간은 그 동생이 걸려 밥이 안 넘어갈 정도였다. 우리 형제들은 혹을 떼려다 붙인 격이 되었다. 이젠 동생 한 사람 걱정이 아니라 그 시어머니에 두 아이까지 생겨 다섯 식구 한 가족이 우리들의 걱정 대상이었다.

그러던 중 친정아버지께서 정년 퇴직을 하셨고, 퇴직금의 일부로 그 터에 새집을 지어 주셨다. (아버지야 자식이니 어찌 보면 당연한 일이지만 새어머니의 승낙이 얼마나 고마웠는지. 두고두고 우리 형제들은 감사하며 산다.)

새집에서 재미를 붙이며 남의 논이나마 비닐하우스도 몇 동 짓고 마을 몇 집이 작목반을 만들기도 하며 열심히 오이, 방울토마토 등을 재배하고 살았다. 새벽부터 밤까지 후끈거리는 비닐하우스 속에서 땀 범벅을 하며 고생하는 동생과 제부가 딱했으나 노력한 만큼의 소득을 올리겠거니 생각했다. 하지만, 농사가 잘되면 값이 폭락이었고, 금이 좋을 땐 소출이 적어 팔 물량이 없었다.

때론 다 된 농사에 물난리를 만나 손해를 감수해야 하기도 하였으나 그럭저럭 몇 년을 잘 보내는가 했지 농협 빚이 해마다 늘고 있음은 전혀 감지하지 못했었다.

그런데 어느 날, 앞집 아저씨가 자살을 해서 큰일이 났다고 소식이 전해져 왔다. 무슨 일인가 자세히 알아보니 작목반 친구들 셋이서 서로서로 보증을 서가며 농협에서 빚을 얻어 쓰고는 했는데 감당할 수 없게 된 한 친구가 자살을 했다는 것이다. 그 바람에 제부와 또 한 친구 털보 아저씨는 자기 빚에다 친구 빚까지 떠안게 된 것이었다.

본인 빚만도 감당하기 어려운 판에 남은 두 사람 다 어쩔 수 없이 연달아 파산을 해야만 했다. 제부도 처가에서 지어준 집과 근근히 어렵게 벌어 사놓았던 작은 산(선친이 묻힌)을 모두 빚으로 내놓고 쫓겨나야 했고, 지금은 영세민으로 하루하루 막노동 해가며 근근히 생활해 가고 있다.

그 집이 어떻게 지어준 집인데 그 걸 날리다니…… 아버지께 죄송한 만큼이나 제부에 대한 괘씸한 마음 금할 길 없었지만 유흥비로 날린 것도 아니고, 설마 내년엔…… 하며 한 해 한 해 보내다 보니 그리된 것을 어찌하랴. 모두가 딱할 뿐이었다.

가끔씩 동생 집에 들러 볼 때마다 만날 수 있었던 또 한 분 털보 아저씨는 재주가 많고 착한 분이었다. 예술가처럼 멋스럽던 그분은 못쓰게 된 가스렌지나 전자 제품도 곧잘 고치는 재주가 많은 분으로 젊은이가 적은 시골 농가에 자기 일 제쳐놓고 동네 일을 돌보던 그런 분이었다. 간이 나빠져 수술을 해야 했지만, 자기 소유의 밭도 집도 모두 빚으로 넘어가야 했기에, 돈이 없어 제대로 치료조차 받지 못하고 지병에 화병까지 겹쳐져 젊은 나이에 세상을 뜨게 되었다.

셋 중 하나 남은 제부도 툭하면 하는 말이 노령의 모친만 아니면 자기도 세상 뜨고 싶은 맘뿐이라고 했다. 빈말이 아닐 게다. 두 친구를 그리 보낸 지금 무슨 낙으로 살아가겠는가.

어디 이런 일이 그 마을뿐이겠는가! 뉴스를 통해서도 종종 접하는 일인 것을……

갚을 능력도 없는 선량한 농민들에게 저금리로 도와준답시고 보증만 세우면 빚을 주고, 그로 인해 땅과 집을 빼앗고 목숨까지도 앗아간 그들이 과연 누구란 말인가. 누구를 위한 농협이란 말인가?

농민을 위한 농협이라면 빚만 주지 말고 지도와 대책이 함께 따라야만 하지 않는가?

점점 수입 농산물에 우리 농산물이 더 밀려나고 있는 뉴스를 접하게 되면 시골 사람들이 더욱더 걱정이 되고 귀산 마을을 지날 때나 그들이 생각날 때마다 마음이 아프고 화가 난다. 가슴이 답답하다.

하늘은 맑고 푸른데

— 나태주 시인을 다시 보며

올 여름은 옥상에 올려놓은 화분들에게 따로 물을 주지 않아도 될 만큼 비가 너무 자주 왔다. 그런데도 늦게까지 더위는 가실 줄 모르더니 가는 세월을 막지는 못하는가 보다. 며칠 전부터는 아침저녁 제법 선선한 바람이 불어온다. 가을을 재촉하는 비일까? 또 비가 왔다. 가을 수확을 위해서 이젠 좀 그만 와야 할 터인데. 비온 뒤 하늘을 우러러보니 참으로 맑고 푸르다. '아 저리도 푸른 하늘을 언제 보았었지? 싶도록 아름다운 가을 하늘이다.

아파트 앞 마당가를 다정스레 거니는 나 시인 부부를 만났다. 병원에서 퇴원할 때보다 훨씬 좋아져 건강해진 나 시인의 모습을 뵈니 그저 신기하고 감사하다. 저런 분을 자칫 했으면 잃을 뻔 하다니… 옆에 서서 걷는 부인의 기운 없어 보이는 모습이 이젠 오히려 더 환자 같다. 남편의 긴 병원생활 간호에 지쳐 있음이리라. 아! 그 끔찍했던 시간들이 꿈처럼 지나가 준 것이 그저 고맙기만 하다. 그러면서 아직도 먼 의료계의 현실에 화가 난다.

3월 초, 한 동인의 전화를 받았다. 나 시인께서 아마도 병원에 계신 것 같은데 어디가 아프신지 혹 알고 있느냐고. 같은 아파트에 살고 있어도 서로 바쁘게 살다보면 여러 날 소식 모르고 살게 마련이다. 휴대폰도 안 받으시는 것을 보니 아마도 알리기 싫어하시는 것 같다고 했다. 금시초문이었다.

하루를 참았을까? 도대체 어디가 얼마나 아파서 병원에 가셨는지 알아야겠기에 사모님께 전화를 걸어보았다. 다행스레 내 전화인 것을 알고 받아 통화할 수 있었다. 배가 많이 아파서 3월1일 새벽에 급히 병원 응급실로 왔는데 췌장 가까이 담석이 있는 걸 늦게 발견해서 탈이 났다고 했다. 중환자실이라 면회도 잘 안 되니 올 것 없고 사람들에게 알리지 말아 달라 부탁까지 하셨다.

나도 병원생활을 해봤지만 환자가 위중할 때는 이 사람 저 사람 드나들면 더 심란할 뿐이어서 위문이 폐문이 되는 경우가 종종 있다. 통화만으로는 그리 심각한 줄은 상상도 못했다. 곧 좋아지면 병실로 가봐야지 생각하며 궁금했지만 참기로 했다.

그런데 이튿날 오후 사모님으로부터 벌벌 떨리는 기막힌 전화를 받았다.

"어쩐대요, 우리 그이가 죽는대요. 나 어떡한대요. 그일 어떻게 보내요. 병원서 준비하래요. 며칠 못산대요. 어떡한대요. 영정 사진도 좀 부탁드려요. 우리 그이 예쁜 거 좋아하니까 예쁘게 나온 사진으로 해주세요. 어디다 묻어야지요? 장지도 좀 알아봐주세요. 제가 잘 다닐 수 있게 멀지 않은 곳으로요. 우리 그이 공주를 좋아했으니까 공주에 묻혀야겠죠? 부탁할 데가 사모님밖에 없어요. 우리 그이 어쩌면 좋대요. 흑흑…"

"아니, 그게 뭔소리래요? 사모님! 제가 곧 병원으로 갈게요. 정신 좀 차리고 계셔요. 어찌 그런 일이. 세상에 세상에…"

사모님의 두서없는 절규에 가까운 소리에 나도 넋 나간 사람처럼 대답하며 떨리는 손으로 전화를 걸어 몇 동인들과 함께 대전 병원으로 달려갔었다.

나 시인께서는 며칠 전부터 몸에 이상을 느꼈다고 했다. 오줌 색깔이 검은 것을 느꼈고, 종종 배가 아팠는데 그때 마침 노모께서 병원에 입원 중이었고 바쁜 일정들로 하루 이틀 병원 가는 것을 미루다 그리되었다는 것이다. 배가 못 견딜 만큼 아파져서야 큰병원으로 달려갔는데 마침 그날이 3월1일 휴일이라 당직 의료진밖에 없었다. 응급실에 도착했을 때만 해도 CT사진 상 내장이 또렷이 보였었는데 환자가 너무 고통스러워하니까 담당 의사가 담석을 살짝 밀어본다는 것이 쓸개즙을 터뜨린 것 같다고 한다. 그로 인해 췌장이 거의 망가져 점점 상태가 나빠진 것이고 그래서 회복불능 진단이 내려졌다는 것이다.

달려간 사람 모두 어이가 없었다. 겨우 담석으로 사람을 잃게 되다니. 좀 더 큰병원이었다면 다른 방도가 있지 않았을까 하는 안타까움만 느끼며 발을 동동 구르고 있었다. 나 시인께서는 그동안 담석 치료를 위해 몇 해 전부터 그 병원을 계속 다녔었기에 자신의 몸에 대해서는 그 병원만 믿고 의지하고 싶어했다.

중환자실에 누워 있으나 의식은 분명했고, 아무것도 먹지 못했지만 링거 기운으로 자신이 사망진단이 내려진 환자라는 것도 모른 채 하루하루 잘 버티고 있었다. 모두들 돌아가시기 전에 한 번이라도 더 보려고 병원의 규칙을 어기면서까지 면회를 하고 싶어했다.

사모님이나 위문객들이나 환자가 말을 많이 하면 더 나빠질까봐 조심스럽기는 마찬가지였다. 중환자실에서 병실로 옮겨지고 의사의 진단과는 달리 조금씩 좋아지는 모습에 모두들 기뻐했다. 복도 엘리베이터까지 배웅을 받던 날은 얼마나 기쁜지 돌아와 그를 아는 많은 사람들에게 전화를 돌려 반가운 소식을 전했다. 나 시인을 위해 기도하던 사람들은 하나님이 주신 기적이라고 하며 기뻐했다.

옆에서 지켜보며 하늘이 무너지는 현실 앞에 가슴 조리던 사모님도 긴장이 풀리니 같은 병실에 입원하여 링거를 꽂고 누워야 했다. 나 시인은 열이 내렸다 올랐다를 수없이 반복해 하루에도 몇 차례 가슴이 철렁였다는 여러 날을 그래도 다들 잘 견디어냈다.

병원을 드나들며, 때로는 가 뵙는 것이 도리어 폐가 될까 조심스럽기도 해서 서로 다녀온 사람들을 통해 그날의 상태를 전해듣기도 하며 쉽게 돌아가시지는 않을 것 같아 우선 안심들을 했다. 종종 드나들며 조심스런 날들을 지켜보기를 석 달, 밥 한 숟갈도 입으로 넘길 수 없어 링거에만 의지했지만 막상 본인은 곧 퇴원할 수 있을 것 같은 생각으로 희망을 갖고 지내고 계셨다.

많은 분들이 찾아 뵐 때마다 큰 병원으로 옮기실 것을 권유했고 호주에 연구차 가 계시던 조동길 교수님 내외분께서도 국제전화로 여러 차례 전화를 걸어와 안부를 묻고는 안타까움에 큰 병원으로 가실 것을 간곡히 권유하셨다. 그런데도 그 병원만을 믿고 고집하시던 나 시인께서도, 호전되지 않는 당신의 상태를 의사로부터 솔직히 말해달라 요청해 들어보고는 절망스런 답변에 사모님을 붙들고 하루종일 흐느껴 우셨다 했다.

"선생님처럼 췌장이 상한 상태에서 석 달 이상 사신 분이 제 환자 중에는 없었고, 다른 의사의 환자 중에는 1년까지 버틴 환자가 있었습니다."

나 시인도 더는 그 병원 말만 듣고 죽음을 기다릴 수 없었다고 했다. 그제서야 마음을 바꿔 서울의 좀 더 큰 병원으로 옮긴 나 시인.

그곳에서는 반갑지 않아하는 외과의사의 부정적인 말에 상처를 크게 받으셨지만 내과로 옮겨 입원한 후에는 전에 치료받던 병원과 치료방법도 달랐고, 친절한 의사와 한강이 내려다 보이는 입원실에서 나 시인은 다시 희망을 갖게 되었다.

조금씩 미음과 밥을 먹기 시작하면서 링거를 떼게 되었고 병원 마당을 산책하며 틈틈이 글을 쓰고 그림을 그리면서 나 시인은 다시금 생기를 찾아갔다.

삶과 죽음 앞에서 여섯 달 가까이 헤매던 그분께서는 마지막일지 모른다고, 울며 둘러보고 떠났던 당신의 집으로 다시 올 수 있는 영광을 갖게 되었다.

곁에서 모든 것을 지켜본 사람들은 기쁨과 감사함을 가지면서도 진작에 큰병원으로 갔더라면 그리 오래 고생하지 않아도 되었지 않았을까 하는 안타까운 생각들을 하며 속상해했다.

어디 그분 뿐인가? 며칠 전 나의 친정아버지도 서울대병원에서 수술을 하셨다. 2년 전, 눈 아래 작은 다래끼 같은 것이 났었는데 진찰결과 피부암이라 했다. 의사 말이 암이긴 해도 진행이 아주 더디어 그걸로 사망하시지는 않고 연로하시니 수술은 권하지 않는다 했다.

지방이긴 하지만 대학병원 의사의 말이었고 우린 모두 그 말을 신뢰했다.

치료하고 싶으면 냉동치료나 해보라는 것이다. 냉동치료해서 나은 사람이 있느냐는 질문에 아직은 없단다. 그럼 그 치료도 시험에 가깝지 않은가? 가족들이 상의한 결과 냉동치료도 노인에게는 너무 지치니 암에 좋다는 식품으로 대치해서 드시게 하고 사시는 동안 밤이나 맛있게 드시도록 병원 치료는 단념하고 있었다.

2년이 지나니 진행이 더디다고는 해도 눈 아래 붉게 삐져나온 것이 좀 더 커져서 자식들이 보기에도 마음이 편치 않을 뿐더러 본인도 늘 암에 관한 자료를 찾고 고심하시는 듯 했다. 또한 보기에 깔끔치 않아 보이니 친구들과의 만남도 피하시는 듯 해서 혹시나 싶어 서울의 큰병원으로 모시고 갔다.

몇 가지 검사를 해보더니 거리낌 없이 수술 날짜를 잡자는 것이다. 빨리 해야지 시력에도 지장을 초래할 수 있다는 것이다. 노인이신데 괜찮겠냐는 말에 그 정도 체력이면 걱정 없단다. 지난번 진찰받았던 병원에서 냉동치료를 권했었다 했더니 그 치료는 시력에 지장을 줘서 큰일 난다 했다.

아니, 도대체가 같은 병을 놓고 치료방법이 어찌 이리도 다를 수가 있는가? 어이가 없다못해 화가 났다. 2년 전 수술을 했으면 훨씬 더 간단한 수술이었을 것이고 그동안 맘고생도 안 했을 것 아닌가? 그저 느릅나무에 버섯이나 마늘에, 암에 좋다는 식품만 구해 사들이고 드시느라 힘드셨고 늘 암덩이를 달고 사는 아버지의 불안한 맘이 어떠셨을까?

하루 전 입원해서 수술하고, 그 이튿날이면 퇴원할 수가 있었다. 세 시간이면 한다던 수술이 다섯 시간이나 걸려 자식들은 수술실 앞에서 마음을 졸였지만 수술 후 항암치료도 할 필요가 없다는 간단한 수술방법을 놓고도 그리 심란하게 산 세월이 억울하기만하다.

서울의 큰 병원으로 친척이나 지인들의 병문안을 가게 될 때마다 전국에서 몰려오는 수많은 환자들을 보며 지방의 병원들이 그리 많은데 너무 극성을 떠는 건 아닌가 생각했었는데 그래서들 큰 병원을 찾는구나 하는 생각이 든다.

주황색 신호등

건강할 땐 그 고마움을 곧잘 잊고 살지만, 손가락이나 발가락, 혹은 몸의 일부분을 조금만 다쳐 봐도 아픔과 불편함에 그제야 건강의 고마움을 생각한다. 그리고 잠시나마 장애자들의 불편을 이해하게 된다.

얼마 전, 아침에 일어나니 갑자기 등이 불편했다. 움직이면 풀리겠지 생각했는데 하루가 지나니 목까지 아파오고 다음에는 어깨가 불편하더니 나중엔 손가락까지 저려오는 증상이 생겼다. 양 팔에 힘이 없어 설거지나 빨래는 물론 밥솥 하나 들기도 힘이 들었다. 모든 것이 귀찮기만 했다. 아이들 셔츠 빨기가 얼마나 힘이 드는지 빨래만 쌓이면 걱정이었다. 목 디스크가 아닐까 하는 생각이 들자 진단도 받아보기 전에 맥이 빠졌다. 디스크 환자들치고 치료가 더디고 쉽게 낫지 않는 것을 보아왔기 때문이다.

손목도 아파왔다. 퇴행성이나 류마티스 관절염으로 손목뼈가 불쑥 튀어나오고 마디마디가 부어올라 고생하는 사람들이 생각났다. 내 손목뼈도 곧 튀어나올 것만 같은 불안감이 자꾸만 나를 따라 다녔다.

남편에게 아픔을 호소했더니 힘도 안 들이며 "나이 들면 그렇게 아픈 거야." 한다. 야속했다. 저런 남자를 믿고 내 젊음을 다 보냈나? 내가 더 많이 아프면 내게 어쩔 남자인가? 생각하니 울컥 서러움이 인다. 생각을 말아야지 생각하면 할수록 누구한테가 아니라 그냥 화가 났다.

직장이고 뭐고 다 그만두고 정말 건강관리나 해야 되지 않을까 하는 생각도 들고, 아직은 젊은데 벌써 내가 이런 괴로움에 시달려야 하는 것인지 속상하고 한심했다.

아픈 몸과는 달리 햇볕 따사로운 창밖을 내다보며 테니스 코트에 가서 뻘뻘 땀을 흘리며 한번 힘껏 뛰어 보고 싶다는 엉뚱한 생각을 한다. 하지만 지금 상황에선 도저히 불가능일 뿐이다. 아! 정말 이대로 주저앉게 되는 것은 아닌지……

불안감을 가까스로 억누르며 근무를 계속했다. 그래도 직장이 한의원인 것이 참으로 다행이었다. 근무 중 틈틈이 아픈 곳을 하나하나 침으로 치료받으며 일주일을 보냈다. 다행스레 기운이 없다는 것 말고는 거의 치료가 되었을 때였다. 시청 환경관리사업소에서 야간 테니스 코트 개장을 하는데 여성 테니스 회원들도 초청을 했다며 참석하라는 연락이 왔다.

좀 무리일지 모른다는 생각이 잠시 들기도 했지만 아프거나 말거나 좀 뛰어보기라도 하면 다시금 활력이 되살아날 것도 같았기에 기꺼이 참석을 했다.

너무 오랜만이어서 라켓을 잡은 손이 어색했다. 준비운동을 하며 과연 내가 볼을 받을 수 있을까? 걱정을 했다. 너무 못 치면 파트너에게 실례가 될까봐 걱정을 했는데 다행히 남동생이 와 있어 파트너를 부탁했다. 그런대로 뛰면서 기운이 생겨났다. 나이스 발리까지 해서 관

중의 박수까지 받으며 한 게임을 멋지게 마칠 수 있었다.

환한 전깃불 아래 공을 좇아 뛰면서 순간순간 다시금 내가 될 수 있다는 사실이 꿈만 같았다. 아! 그 기쁨을 그 무엇에 비기랴. 흠뻑 땀을 흘리고 충만된 기분으로 집에 돌아오는 길, 나는 새 삶을 살게 된 듯 기뻤다.

이튿날, 걱정했던 것보다는 훨씬 양호했다. 다리 근육이 조금 아픈 것만 빼고는 근무에도 지장이 없을 정도로 괜찮았다. 그로 인해 다시금 자신감을 갖게 되자 퇴근 후나 주말에는 탁구장에도 가고 더욱 생활에 활기를 되찾았다.

좀 지나니 이제는 마음에 여유가 좀 생겼나보다. 두툼해진 중부지방(?)의 두께가 걱정이 되는 것을 보니 말이다. 방안에서 미용체조도 해보고 복근운동도 해본다. 바쁜 중에도 틈틈이 안간힘을 쓰는 내 모습이 애처로워 보였는지 아니면 대견해 보였는지 짬 내어 탁구장이나 수영장으로 함께 가주는 남편이 이제는 꽤 괜찮은 남편 같고 듬직해 보인다.

붉은 신호등으로 바뀌기 전에 빨리 더 달려봐야지. 목련과 개나리도 활짝 피었는데……

삶, 그리고 사랑

가을은 사랑의 계절이라고 누가 말했던가?

따스한 햇살, 시원한 바람, 온갖 식물들의 아름다운 빛깔들, 맑은 하늘에 펼쳐지는 노을빛. 바라보다 마냥 어디로 떠나고 싶고, 누군가가 그리워지고, 아름다운 자연을 보며 주체할 수 없는 감격에 눈물이 나기도 하는 그런 계절이다.

몇 해 전, 가깝게 지내던 한 지인이 부인을 잃었다. 오랜 친분으로 지냈기에 그 부부와는 형제처럼 가깝게 지내는 사이였다. 그동안 부인은 건강했고 오히려 남편이 건강이 좋지 않아 자기가 떠나면 남아있을 부인을 늘 걱정했지 부인이 앞서가리라고는 그분도 또한 곁의 그 누구도 생각지 못한 일이었다.

그런데 그 부인은 아이들과 함께 자장면을 먹고 탈이 나 응급실로 실려 갔는데 혈액 검사 상 이상을 발견해 정밀 검사를 해보니 혈액암(백혈병)이었다. 큰 병원으로 옮겨 진찰받으며 겨우 입원해서 항암치료 시작을 하자마자 뇌출혈이 되어 수술하러 들어갔다가 의식을 잃고 며칠 만에 세상을 떠야만 했다. 발병 후 겨우 두어 달 후였다.

진찰받는 동안에는 몇 번 만났지만 입원을 한 뒤로는 멀기도 했지만 환자가 위문객들에게 시달려 힘들까봐 일부러 열흘쯤 뒤에 병문안을 갔었다. 병원에 도착해 전화로 병실을 물었더니 수술실 앞으로 오라 했다. 불안한 마음으로 부지런히 올라갔더니 회복가능성 40%라지만 뇌출혈이니 수술을 해보는 수밖에 없어 수술실로 들어간 상태였다.

좀 후에 보호자가 불려 들어가니 수술조차 불가능한 상

태란다. 수술하려고 열었던 뇌는 붕대로 칭칭 동여맨 채 의식 없이 나와 며칠 중환자실에서 누워 숨만 쉬다 세상을 떴다.

그리 건강하던 분이 갑작스레 어찌 그런 병이 올 수 있었을까? 자장면 먹고 탈나기 두 달 전부터 허리가 아팠단다. 여기저기 검사를 받고 다녀야 병명을 못 찾았는데 나중에 알고 보니 암균이 허리뼈를 갉아먹어 아팠던 것이라니…

건강이 좋지 못했던 선생은 일찍 명퇴를 하고 부인과 전원주택을 지어 재미있게 지내는 중이었다. 앞 텃밭에는 매실을 심고 잔디밭 곁의 화단에는 온갖 꽃들을 심어 요리조리 옮겨 심어가며 이웃 주택 사람들과 친분도 맺고 교류하며 시골생활 재미에 푹 빠져있던 그분들.

그렇게 부인을 보내고 나더니 전원주택이고 뭐고 다 소용이 없었다. 그들이 그렇게 정성스레 가꾸던 화단이 환히 내려다보이는 곳에 부인을 묻고 그는 대전 시내로 들어가 결혼 전이던 딸과 함께 생활했다.

점점 웃음을 잃고 까칠해져 가며 말이 없어지던 그 분.

딸마저 결혼시키고 나더니 우울증에 시달려 병원을 드나들어야만 했다. 병원의 처방은 '재혼을 해라'였다. 처음엔 본인도 고개를 저었지만 모든 사람들의 의견도 곁에 누가 있어야만 한다는 결론으로 여기저기 좋은 사람을 물색해서 만나보게 주선하고는 했다.

그러던 어느 날, 어떤 여자 분과 함께 우리를 찾아왔다. 사촌동생 소개로 만났는데 만나면 편해서 재혼할까 한다고. 돌아가신 부인 생각에 그리 싫었을까? 예뻐 보이지도 않고 초면에 말도 많은 것 같고 아이들도 남매나 두었는데 아직 미혼인 아들도 있다며 애들 뒷바라지나 하지 웬 재혼? 하며, 마음에 들지 않았다. 그저 건성으로 만나게 되어 반갑다고 인사를 하고는 집에 와 남편에게만 심통스런 몇 마디를 했었다. 새 여자를 만날 거면 좀 멋진 사람을 만나지… 하며 자꾸 먼저 부인만 떠올리며 아쉬움에 서성였다.

그리고는 몇 달이 지났다. 곧 결혼식을 올려야겠다고 찾아온 두 분.

"앞서 간 안식구에게 미안해요. 재혼은 안 하겠다고 약속했는데 지키지를 못하네요. 이 사람 만나면 그냥 편해서 재혼하려구요. 살다 이 다음 아프면 각자 아이들에게 가는 걸로 하고 명절도 각자 자기 아들에게 가서 지내기로 했어요. 성당에 가서 가족들 앞에서 간단히 예만 올리고 둘이 살림만 합치려구요."라며 말하는 그들을 보며 나는 두 분의 변화에 깜짝 놀랐다.

사랑의 힘이었을까? 두 분의 얼굴은 뽀얗게 홍조가 띄었고 생기가 넘치는 건강미까지 얼굴에 넘쳐, 보는 이들을 놀라게 했다. 몇 달 전 보았을 때보다 아주 다른 두 사람이 되어 있었기 때문이다.

조건이 못 미치면 어떠랴. 둘이 저렇게 좋으면 되는 게지. 역시 사람은 사랑을 나누며 살아야 하나보다는 정답을 그들에게서 찾았다.

며칠 전, 동창 모임에서 위트 있는 친구가 퀴즈를 내었다.

"대부분의 사람들이 무척 갖고 싶어는 하는데, 갖게 되면 즉시 고통이 따르는 세 가지가 있다니 모두 맞춰봐."

정답은 애인, 전원주택, 요트란다. 아마 요트가 나온 걸 보니 외국에서 생긴 퀴즈이지 싶다. 모두들 그럴 거라고 배를 쥐고 웃었다. 여기서 애인이란 당연히 불륜의 애인을 뜻할 게다.

하지만… 불륜의 사랑이 아니고 홀로 있는 사람들에게의 이성간의 사랑은 이렇게 삶을 윤택하게 해주는 윤활유인 것을 나는 보았다.

이 아름다운 계절, 나는 남편과 더불어 자연과의 사랑에라도 빠져야 할까보다.

서로의 생각 차이

남편이 낚시 가서 밤을 지새운 여름 날 새벽, 낚시터로 차를 몰았다. 아름다운 저수지 정경을 오랜만에 보고 싶어서였다. 자주 가지 않은 곳이어서 안내 표지판을 따라 시골길을 가까스로 찾아 남편 있는 곳으로 갈 수 있었다.

마을을 지나 한참을 들어간 아늑한 저수지는 물도 맑고 풍광이 아름다워서 연예인들이 방갈로를 지어놓고 서울에서도 종종 내려오는 곳이었다. 이 멋진 곳에 매료된 연예인 부부가 직접 식당도 하고 낚시터를 운영하는 곳이기도 했다.

싱그러운 아침공기를 마시며, 그곳에서 남편과 함께하는 커피 한 잔은 더 할 수 없는 행복감을 안겨주었다. 잠시 후, 아쉬움에 좀 더 낚시터에 앉아있겠다는 남편을 뒤로하고, 주변에 새로 지어진 전원주택들이랑, 그간 변모된 마을 풍경을 감상하며 집으로 돌아왔다.

막 점심밥을 준비하려는데 남편에게 전화가 왔다.

"여보! 밥 지었어요?"

"지금 하려구요"

"그럼 하지말아요. ㅇㅇ씨가 함께 하자네요."

"그럼 완이 점심하러 오라했는데 어쩌죠?"

"학교서 대충 해결하라 해요."

밥을 하지 말라니 나는 부부 함께 초대된 줄로만 착각을 했다. 집에 와 씻고 외출 준비하는 남편 옆에서

"이처럼 더운 날은 밥 먹자는 것도 별로 안 반갑네… 그지 여보! 더운데 뭐 입고 나갈까?"

"당신은 아냐. 나만 갈 거야"

"뭐라구요? 그럼 왜 밥을 하지말래? 난 뭐 먹으라구요? 그럼 괜스레 완이만 오지마라 했잖아요."

"그런가? 난 내 밥 하지 말란 뜻이었지…"

듣고 보니 남편이 표현을 잘못했다고 나무랄 일은 아니지 싶다. 좀 어이 없었지만 이 더운 날 그만 일로 화낼 일은 아니다.

이처럼… 서로의 생각 차이는 늘 있는 법이다.

벌써, 30년 가까이 되었나보다.

친하게 지내던 친구가 있었다.

교육대학을 졸업하고 발령이 늦게 나서 공주에서 동생들 뒷바라지하며 지내던 친구였다. 나는 퇴근 후 종종 그 친구와 만나 시간을 보내곤 했다. 그 즈음에 공주에 남아 있던 친구들이 별로 없을 때였고, 둘이는 성격이 잘 맞았기 때문이다.

둘이 가깝게 지내던 얼마 후 그 친구는 공부를 더하겠다고 서울로 올라갔고, 난 결혼 후 가정을 돕기 위해 테니스샵을 경영하게 되었다. 그후, 얼마 만일까? 겨우 시간을 만들어 오랜만에 서울에서 그 친구를 만나기로 약속을 했다. 상점에 필요한 물건을 부지런히 구입한 후 만남의 설렘을 가득 갖고 명동으로 달려가 그 친구를 만났다.

오랜만에 함께 둘이 오붓하게 점심이나 먹으며 회포를 풀고 싶었던 내 의사와는 달리 그 친구는 점심은 꼭 자기가 사겠다면서 걷고 걸어 명동의 작은 골목 양장점으로 나를 데리고 갔다. 그곳에서 일하는 자기의 고향친구와 점심을 함께 하자는 거였다. 그간의 회포도 풀 겸 둘이 있고 싶었지만 그녀의 뜻이 정 그러하니 기다릴 수밖에 없었다.

점심시간이 훌쩍 넘어 배도 많이 고프고, 난 얼른 내려가서 오후 장사를 해야 했기에 흘려보내는 시간이 너무나 아깝고 마음이 초조했다. 양장점 친구가 좀 한가해진 시간에 인사를 나누고 점심이 가게로 배달되어왔다. 나는 잘 알지도 못하는 친구의 친구에게 곁다리로 불편한 밥을 얻어먹어야 하는 거였다.

내가 산다니까, 이게 뭔 경우람! 밥이 잘 안 넘어가며 생각할수록 화가 마구 치밀어 올랐다. 이 친구가 혹시 돈이 없어서였나? 그럼 내가 사는 밥을 먹을 일이지. 까짓 얼마나 한다고. 우리 사이에 말 못하고 이리했을까? 기대와는 달리 엉망진창의 만남이었다.

아마 시골에서 함께 지날 때 내 밥을 종종 얻어먹었던 탓에 서울에서 만나니 이번에는 꼭 자기가 사고 싶었는데 돈이 없어 그리 된 듯하나, 난 그때에는 그저 수치스러움과 피곤함이 싫었고, 따라서 친구의 맘을 헤아리지 못하고 그저 그런 자리가 오랫동안 불쾌했다. 그후, 서로 바쁘기도 했고, 그런 명쾌하지 못한 마음들이 있어서였는지 소식이 뜸해졌었다. 가끔 다른 친구들을 통해 소식은 전해 들었으나 서로 연락하지 못하고 각자 바쁘게 살아왔다.

그러던 중 얼마 전, 한 친구를 통해 그녀의 소식을 들었다. 결혼은 여전히 안한 채 초등학교에 근무한다는 소식과 함께 그 친구가 언젠가 돈이 없어 내게 밥을 못 사준 것이 살면서 내내 걸렸다는 이야기도 전해 들었다.

나는 그때 넉넉하진 못했지만 밥을 살 만한 돈은 있었는데 좀 더 그 친구가 미안해하지 말고 내게 솔직했으면 얼마나 좋았을까?하는 아쉬움을 갖고 있다. 하지만 그 친구는 그렇게라도 나에게 밥을 먹여주고 싶었나본데 그 맘을 헤아리지 못한 내 잘못이 지금에서 생각하니 더 클 수도 있다는 생각이 든다. 이처럼 둘의 생각 차이는 큰 오해를 일으키기도 하고 긴 시간동안 섭섭하게도 하는 것이다.

긴 세월 좋은 친구와의 공백을 만든 내 좁은 소견이 오늘 스스로를 너무도 부끄럽게 한다.

정情으로 받는 복福

긴 시간 장거리 여행에서 돌아오는 날엔 늘 된장국 생각이 났다. 시원한 아욱국이나 혹은 호박잎을 살짝 주물러 씻고 애호박을 수저로 뚝뚝 떼어 넣고 끓이다가 풋고추를 썰어 넣은 그런 토속 된장국이 먹고 싶었다.

그날도 병문안 차 대전을 다녀오는 길이었다. 밀리는 차 속에서 은근히 오랜 시간 시달림을 당했던 터라 운전했던 남편보다도 내가 더 피곤해져 왔다.

공주에 도착하니 어둑어둑 저녁을 먹어야 할 시간이었고 멀미로 인해 된장국 생각이 굴뚝같았다.

피로를 씻기 위해 남편은 습관적인 사우나로 향하고 그를 잠시 기다려야 하는 나는 언니에게 다이얼을 돌렸다.

"언니! 밥 좀 우리꺼까지 많이 해요. 된장국거리 사가지고 갈게."

가까이 사는 까닭도 있었지만 어쩌면 친정어머니에게 얻어먹던 된장국 맛의 제일 근사치인 언니를 나는 택했던 것 같다.

어스름이 오는 장터 골목에 또옥 똑 한두 방울씩 떨어지는 빗방울을 여유롭게 즐기며 먹음직한 된장국거리를 찾고 있었다.

빗방울과 함께 어둠이 밀려오는데도 재래시장 난전에는 숱한 시골 아낙들이 열무며 가지, 오이를 무더기로 놓고 오가는 주부들을 호소의 눈길로 바라보고 있었다. 앉아 팔고 있던 사람들 중 깨끗하게 생기신 할머니 한 분이

"이 열무 좀 사가요. 오백 원에 팔던 건데 삼백 원만 주구료."

열무를 보니 할머니의 매무새만큼이나 깨끗하게 다듬어져 있는 여리디여린 열무였다. 난 호박잎을 찾고 있었

지만, 순간 열무된장국으로 바꿔야겠다고 생각했고 열무를 비닐봉지에 담게 했다.

“낮엔 오백 원에 팔았다우.”

싼 줄을 알아주기라도 했으면 좋겠다는 표정이었고 내가 생각해도 너무 쌌다. 한 보따리에 오백 원이라니……

그 열무를 오백 원에 산다해도 나의 가계부에는 아무 지장이 없었고 난 그 할머니의 서운함을 덜어주고 싶었다.

“오백 원 다 받으셔요 할머니”

하며 오백 원을 디밀고는 열무봉지를 받아들고 돌아섰다.

“세상에 고마울 수가. 달라는 돈보다 더 주는 사람도 다 있네. 복 많이 받으슈.”

“정말 저런 사람은 복 많이 받을꺼유.”

옆에 있던 아주머니도 거드는지 등 뒤로 들려오는 소리를 들으며 난 계면쩍어 얼굴이 붉어졌다. 이백 원으로 산 복福. 너무 싸게 복을 산 것 같아서이다.

문득 지난 설 때의 일도 생각이 났다. 차례지낼 음식준비를 하다 보니 빠진 것이 있어 설 전날 시장엘 나왔었다. 밀리는 인파 속에 걸음을 빨리 옮길 수 가 없었는데 눈길을 끄는 할머니 한 분이 있었다. 떡 파는 곳에서 거의 주저앉은 모습으로 떡을 사고 있는 남루한 옷차림의 할머니였다. 누구의 차례상을 차리기 위해 저토록 거동이 불편한 연로하신 분이 손수 장을 보러 나왔을까? 필시 자식을 앞서 보낸 무의탁 노인일 게야…… 잠시 나름대로 생각을 하며 바라보았다.

떡값을 내기 위해 속바지 주머니에서 손수건 뭉치를 하나 꺼냈다. 돈이 얼마나 들었는지는 알 수 없었지만 몇 번을 풀었는데도 돈은 보일 생각을 안 하고 여전히 뭉치 채이다. 얼마나 더 풀어야 돈이 나올지를 잠시 바라보다가 또다시 주머니를 묶어야 할 것을 생각하니 걱정이 되어서 내가 떡값을 대신 치렀었다.

주름 투성이의 얼굴을 들어 나를 바라보더니

"복福 많이 받으우."했었다.

이렇게 정情으로 주고받는 복福. 지금 생각하니 그 복 덕택으로 내가 이만큼 잘 살고 있는 것이 아닌가 싶다.

천사표 아내

싱그러운 아카시아 꽃내음을 만끽하며 모처럼 시골길을 달렸다. 푸르름이 우거진 산과 들, 별, 바람…… 그 모든 것들이 무거운 내 마음과는 달리 새롭고 향기롭고 아름답게 다가왔다.

아! 지금 가는 이 길이 외숙모님의 병문안 길이 아니고 드라이브거나 아니면 문안 차 다니러 가는 길이라면 얼마나 좋을까?하는 생각을 하기도 하며 이런저런 생각을 떠올린다.

외삼촌이면 어머니의 동생이니 얼마나 가까운 촌수인

가? 그런데도 이렇게 큰일이나 있어야 겨우 찾아뵙는 정도니 사는 것들이 왜 그리 바쁘고 각박할까? 하긴 어머니의 형제들이 9남매나 되니 소식을 자주 드리거나 찾아뵙는 것이 힘들기는 하다. 그러나 어머니만 살아계셨어도 이렇게 무심히들 살지는 않았으련만 하는 생각을 해 본다. 그러고 보니 어떤 외삼촌은 집은커녕 전화번호마저도 모르고 사니 정말 해야 할 도리를 너무나 못하고 사는 것은 아닌지.

이 다음 내가 늙어 우리 아들들이 제 외삼촌인 내 동생에게 이렇게 무심히 살아간다면 분명 나는 섭섭할 텐데… 싶은 생각을 하니 친척 모두에게 더 죄송스런 마음이 든다.

편치 않은 마음으로 외삼촌댁에 도착하니 요즘은 시골이어도 입식부엌이 아닌 집이 거의 없으련만 재래식 부엌에서 까칠한 외숙모가 얼굴을 내밀며 나오셨다.

"아니, 예까지 생질이 어쩐일여. 아유 괜시리 내가 아퍼갖구 모두들 귀찮게 해서 죄만스러 죽겠네."

여전히 외숙모께선 당신의 아픈 것은 여벌이었다. 모두들 바쁜 중에 병원으로 또 퇴원해서는 집으로 병문안 오는 친지들에게 오직 미안한 생각뿐이셔서 되려 위문이 아니라 폐문이 아닐까 하는 생각이 들었다.

외숙모의 파리한 모습을 보며 난 몹시 화가 났다. 시집와 30여년 동안 고생만 시킨 외삼촌 때문에도 화가 났고 착하다 못해 바보스럽게까지 살아야 했던 외숙모 때문에도 화가 났다. 복도 지지리 없는 딱한 외숙모. 잘 견뎌낼 수 있어야 할텐데……

시집와서 7년 동안이나 아기기 없었다. 맏이도 아니면서 외삼촌의 고집으로 지나치게 완고하신 시아버지와(나의 외할아버지) 편찮으신 시어머니를 모셔야 했다. 아기를 못가졌다는 이유 때문인지 늘 죄인처럼 시동생이나 시누이 시집살이까지 말없이 견디던 분이셨다.

방학이면 생질인 우리들까지 몰려가서 곧잘 귀찮게 해드렸고 많은 식구들의 고달픈 시집살이인데도 항상 미소를 잃지 않으시며 친절히 대해주는 외숙모가 천사 같았고 너무 딱하기도 해서 우리 외숙모에게 예쁜 아기를 갖게 해 달라고 하느님께 기도를 했던 기억이 난다.

드디어 7년 후 외숙모는 아기를 가졌고 그후 분가해 딸 셋에 아들 하나를 낳아 잘 기르며 사셨다. 세월 지나 시집살이 시키는 사람도 없건만 외숙모는 늘 조용히 모범적인 현모양처로 사셨다. 종중일에 관심과 애착을 갖고 사는 외삼촌은 공무원의 어려운 살림에도 조상님들의 산소 보살피는 일을 맏이도 아니면서 늘 앞장서서 했다. 산소 이장을 한다던가 떼를 입힌다던가 대종가이다보니 늘 일이 많았고 금초 한번만 하려해도 큰일이 되고는 했다.

요즘 모두들 살기에 바쁘고 같은 형제들이나 조카들이라도 그런 일들을 반갑지 않게 대하면 혼자서도 도맡아 하던 외삼촌. 그런 남편에게도 말없이 순종하는 외숙모였다. 나의 어머니(삼촌의 큰 누님) 산소에도 상석 비용을 혼자 모두 부담하셨을 정도였다. 그런 삼촌과 살면서도 뜻을 거역하며 다투었다는 이야기는 들어보지 못했다. 당신은 아직도 장작불을 지피는 재래식 부엌에 살면서 말이다.

하지만 그분이라고 마음상할 때가 왜 없었겠는가? 참으며 안으로만 삭인 것이 병이 되었겠지.

병원에서 위암 3기 선고를 받고도 아무에게도 말하지 않고 행여 수술 후 죽어 새 여자가 들어오면 부끄럽다고 집

안 구석구석 대청소에 장롱 정리까지 마치고 외삼촌 보약까지 지어다 준비완료 하고서야 수술실로 들어갔다 한다.

어찌 이런 천사표 아내가 외숙모 뿐이랴.

나의 고모님 또한 고모부의 바람기에 젊어서부터 속을 끓이고 사셔야만 했기에 구십 넘어 돌아가실 때까지 가슴에 화를 담고 사셨다 했다.

시집 가 첫아이 낳자마자 작은댁을 들이는 고모부. 수없이 작은댁은 바뀌고 두고 간 여러자식들을 호적에 넣고 길러야만 했던 심정이 오죽했으랴. 끝내는 며느리보다 두 살이나 어린 작은댁과 살다 병 얻어 죽음을 앞두고야 집으로 들어온 고모부. 그런 고초를 겪은 고모님의 삶 또한 어찌 한두 마디로 표현이 되겠는가.

그 탓에 조금만 더운 곳에서는 잠을 못 이루고 답답해서 방문도 못 닫고 주무셨다. 다행인지 담배를 배워서 길게 내뿜는 담배연기로 화를 달래시는 모습을 보며 천사표 아내들이 참고 산 삶은 결국 이런 모습이어야만 하나 괜스레 내가 화가 난다(1996).

해피 베이비 파이팅

지난 해, 여가시간을 이용해 보람을 느끼며 할 수 있는 일이 없을까 생각 하던 중, 지역 곳곳에 늘어나고 있는 이주민 여성들에 관심이 갔다. 시청이나 교육청에서도 이에 대비하여 이주민에 관한 사업을 여러 모로 계획하고 있었다. 나이가 들어서도 한글지도 하는 것에는 별 어려움이 없으리라 생각되었기에, 외국인을 대상으로 쉽게 한글을 가르칠 수 있다는 이글한글지도자 과정을 연수하였다.

그러자 때마침 교육청 주관으로 다사랑 봉사단이 결성되어 15명의 봉사자가 활동을 시작하게 되었다. 봉사원

1인에 2명의 이주민 여성을 연결하여 일주일에 한 번씩 방문지도를 하는 일이었다.

내가 가르치기로 되어있는 여성은 둘 다 재혼가정에 시집온 여성이었는데, 한 명은 필리핀에서 온 여성으로 한국에 온지 1년이 채 안 되었지만 남편의 자녀들이 중고등학교에 다니고 있어서 남편과 아이들 도움으로 우리말을 곧잘 했다. 그리고 영어를 사용하는 나라에서 오니 이해를 못하는 단어들은 영어사전을 찾아가며 어렵지 않게 가르칠 수 있었다. 그러나 캄보디아에서 온 여성들이 문제였다. 더군다나 M은 본국에서도 초등학교를 다니다 만 여성으로, 영어라고는 해피밖에 모르고 펜으로 써서 만든 간단한 캄보디아 사전만이 그와 내가 통할 수 있는 유일한 통로였기에 둘 다 답답했다. 본디 외국어라는 게 하루 이틀에 배워지는 것은 아니었지만 매일 쓰는 단어들도 열심히 설명해주고 며칠 후 가보면 또 생소하게 받아들이는 M은 IQ가 높지 않은 듯했다.

M의 남편과 몇 차례 통화를 하고 약속한 날 시간에 맞

춰 처음 집을 방문했던 날, 집이 비어있었다. 처음부터 약속을 어기는 것이 왠지 걱정이 되었다. 시골에서는 밭에 데리고 다니며 일 시키느라 공부시간을 잘 안 내주려 하기 때문이다. 남편의 휴대폰으로 전화를 했더니 그때가 오후 2시였는데 식당에서 밥 먹는 중이라며 별로 미안한 기색도 없이 전화를 받는다.

집 앞에 세운 차 안에서 30여분을 기다려 M을 처음 만났다. 깡마르고 자그마한 체격에 안경을 썼지만 예쁜 눈을 가진 스물 세 살의 여성이었다. 소리 없이 웃는 그녀의 안내에 따라 낡고 초라한 별채로 따라 들어갔다. 옛날 집이라 낮은 방 두 칸짜리 집이였는데, 방에는 공부할 책상은 고사하고 밥상조차 없었다. 턱이 있어 글씨쓰기가 매우 불편한 플라스틱 둥근 상을 겨우 안채의 시어머니 집에서 가져올 수 있었다.

방 한쪽엔 둘둘 말아놓은 때가 탄 이부자리가 있었고 창문의 한쪽은 신문으로 발라져 있었다. 가장의 주변 없음을 대변해 주는 듯 했다. 세상에, 쉰이 다 된 늙은(?) 남자가 이런 곳으로 저 어린 새댁을 데려다 고생을 시키

다니……. 출입문 바깥쪽은 밖에서 안이 잘 보이지 않도록 비닐로 둘러쳐져 있어서 통풍도 잘 안 되는 방에서는 퀴퀴한 냄새가 났다. 환기를 시키려 뒤쪽 창문을 여니 소외양간에서 나는 고약한 냄새가 방으로 들어온다. 한숨이 절로 났다. 그 방과 전혀 안 어울리는 커다란 신형 텔레비전만이 높게 놓여 있어 그나마 신혼의 그녀에게 위안이 되는 듯 했다.

"점심에 뭘 먹고 왔어요? "

하고 묻자 커다란 눈만 계속 깜박거린다. 손짓으로 뭘 먹고 왔느냐고 재차 물어보았더니 겨우 내 물음을 알아차렸는지 미소 지으며 대답을 고민하는 눈치다. 눈을 껌벅이며 한참을 생각하더니 코를 양손으로 뒤집어 젖힌다. 뭘 먹었냐니까 이게 웬 모션이람? 그녀도 답답하기는 마찬가지인 듯, 다음엔 귀를 잡아당긴다. 그제야 감이 왔다.

"아! 꿀꿀…. 돼지고기 먹었어요?"하자 고개를 끄덕이며 빙그레 웃는다. 온 지가 11개월이나 되었다면서 말이라고는 한 마디도 못하는 듯하다. 아니 하기는 고사하고 알아듣지도 못하니 이걸 어쩌지?

몇 번째 만남에서야 그녀가 알고 있는 단어를 발견했다. 밥, 국, 빨래……. 그녀가 똑똑히 아는 것은 그것과, 아이들 이름뿐이었다. 손과 발이라는 말조차도 몰랐다. 남편 이름도 발음이 정확치 못했고 제 이름도 발음과 다르게 면사무소에 등록이 되어 있었다.

바로 이웃 동네에 비슷한 시기에 캄보디아에서 온 S라는 여성이 살았다. S의 남편은 M의 남편보다 10년쯤 손아래인 노총각이었다. S와 M은 나이도 같았고 한국에 와서 친구가 되었다. 남편들 모임 때나 지나가다 둘이 만나게 되면 눈동자가 빛나며 자기들의 언어로 유창하게 대화를 주고받았다. 남편 흉도 서로 보는 듯 했다. S는 M보다 두세 달 늦게 들어왔다는데도 제법 대화가 될 정도로 우리말을 잘 하고 있었다. 그래서 그녀와 같이 있게 될 때에는 제법 통역을 해주어 그나마 서로들 숨통이 트였다.

한글공부를 시작한 후 한 달쯤 지났을까? M과 내가 캄보디아 사전으로 겨우 소통하기 시작 하였을 때, 그녀는 '멍청'이 뭐냐고 물어왔다. 남편이 자기를 '캄보디아 멍청'

하고 부른다고……. M의 시어머니와 남편은 S와 계속 비교를 하며 M이 너무 둔하다고 내게 하소연을 하곤 했다. S는 일도 더 잘하고 말도 금방 배우는데 우리 며느리는 아직 말도 안 통하니 답답해서 죽을 지경이라고 했다.

왜 안 그렇겠냐마는 가르쳐야 말을 하지……. S는 노총각이었던 남편이 밤마다 틈틈이 우리말을 가르칠 뿐더러 시부모도 예뻐하며 사랑으로 감싸는 것이 첫눈에도 보였다. 하지만 M은 둔한데다가 전처 아이가 4명이나 있는 집으로 시집을 왔으니, 그 아이들 때문에도 귀염을 받기는커녕 일꾼처럼 취급되었다. 하루 종일 집안일에 딸기밭에, 옥수수밭에 시어머니에게 끌려 다니면서 말이다.

그렇게 사는 M도 딱하고, 전혀 말이 안 통하는 미련한 아내와 사는 남편도 딱하고, 또한 그런 며느리와 살 수밖에 없는 시어머니도 딱했다. 얼마나 서로들 답답할까?

이웃집 S를 만났을 때 알게 된 일이다. 어째 M은 더 먼저 왔는데도 아기가 없느냐고 묻자, 피임약을 먹고 있다고 했다. 그런데 그 피임약을 M에게 영양제라고 1년 가

까이나 남편이 속이고 먹였다는 것이다.

남편은 말이나 글은 가르칠 엄두를 못 내는지 통 가르친 흔적을 찾아볼 수가 없었다. 성격이 몹시 급한 사람인 것 같다. 잘 못 알아듣거나 가르친 것을 되묻거나 하면 화부터 낸다는 것을 나중에 알았다. 내가 과제로 읽게 시킨 인쇄물이 그 남편으로 인해 마구 구겨져 있는 것을 발견했기 때문이다. 에그…… 어쩌지? 그러니 1년이 다 되어가도 매일 쓰는 쉬운 말조차 하지 못하지. 갈수록 걱정되었다.

그 집을 드나들며 M의 가족들에게 나는 차츰 화가 나기 시작했다. 난 M에게 '나 멍청 아니에요' '그러면 나쁜 사람'이란 말을 가르쳤다. 그리고 열심히 공부할 것을 당부했다. 멍청이란 소리를 듣지 않으려면 빨리 우리말을 배워야 한다고……. 그녀는 그 말만은 잊지 않고 잘 쓰고 있어 날 웃게 만들었다.

하루는, 밖에 누가 있는지를 살피더니 우편물 한 통을 꺼내놓고 조용조용 이것이 뭐냐고 물으며 내 눈치를 살핀

다. 투표통지표였다. 우편물의 이름을 가리키며 아이들 친엄마라고 했다. 그러면서 '그림 그림 하우스 그림 친엄마 줘줘. 어머니 몰라' 한다. 내가 못 알아들으니 그림을 그린다. 그림에는 소질이 있는 듯 아주 잘 그렸다. 기름통 3개였다. 그제야 무슨 말인지를 알아듣겠다. 남편이 시부모 모르게 하우스에 있는 기름 3통을 아이들 친엄마에게 갖다 주었다는 것이다.

그날, 함께 갔었는데 자기가 뒤에 있는 것을 모르는 아이들 친엄마가 "여보!"하면서 남편을 껴안으려 했다고. 남편이 몸짓으로 뒤를 보며 자기를 가르치자 "안녕하세요?" 하고 뒤로 물러나더라는 것이다. 그 말을 하는 그녀의 눈에는 눈물이 그렁하였다. 아내가 아파서 이혼을 한 뒤, 지금의 M과 재혼했다는 것 밖에는 세세한 사정을 듣지 못한 나로서는 어떤 말도 해 줄 수가 없었다. 또한 지금 그녀에게 무슨 말이 위로가 되겠는가? 두 손을 꼬옥 잡아주며 눈물을 닦아주었다. 나에게라도 이야기를 하고 나니 좀 위로가 되는 듯, 미소 지으며 비밀이라고 손가락으로 제 입을 막으며 쉬! 하며 부탁을 한다.

한 5개월쯤 지나니 이젠 좀 말을 알아듣고, 연결은 안 되어도 단어를 하나 둘, 표현할 줄 알자 수다스러워졌다. 깔깔거리며 웃기도 잘 하고 틀린 단어를 갖고 캄보디아 말을 섞어가며 곧잘 말하려 들었다. 그러나 공부시간에는 겉넘기 일쑤다. 책을 읽혀도 내 발음을 정확히 듣고 따라 하려 하지 않고, 언제나 같은 걸 틀리면서 읽는다. 그러면서도 왜 그리 웃기는 잘하는지. 미워할 수 없는 M이다. 어떤 날은 나도 너무 힘이 들어서, 물 한 병을 다 마셨는데도 입에서 쓴 내가 난다. 깡마른 몸에 시커멓게 그을린 피부, 도대체 언제 붙인 것인지 떨어지려 너덜거리는 파스가 추레한 꼴로 목덜미에 매달려 있다.

이렇게 수다스런 여자애가 시어머니에게는 왜 말을 안 하는 것일까? 시어머니의 말을 들으면 그들에게서도 고부간의 갈등을 느낄 수가 있다. 한 시간이고 두 시간이고 함께 밭일을 하면서도 단 한마디 말도 안 한다는 M이다. 시키는 대로 그저 묵묵히 일만 한다고. 답답해서 시어머니가 더 미칠 지경이라고 했다. 그러니까 좀 예뻐해 주시지. 이 사람 저 사람에게 툭하면 건너 마을 S보다 뭐든 못한다고 나에게처럼 흉보는 걸 M은 눈치로 다 알아챘을 것이다.

하루는 S 집에 데려가서 함께 공부를 했다. 자기들끼리 만난 지도 한참 되었다는 M이 딱한 생각이 들어서 시어머니께 허락을 맡고 데리고 갔다. 이야기를 들어보니 M보다 원만히 살고 있는 줄만 알았던 S에게도 불만이 많았다. 자기는 아기도 낳았고, 아기를 유모차에 눕혀놓고 딸기를 땄는데도 캄보디아의 자기 집에 돈을 너무 조금 보낸다는 것이다. 이야기 나온 김에 물어보았더니, 둘 다 친정에 석 달에 300불씩 보낸다고 했다. 캄보디아에서는 100불도 큰 돈 아니냐고 묻자 똑똑한 S는 요즘 물가가 많이 올라서 큰돈이 아니라고 했다. 너희 남편들이 부자가 아니어서 그러니, 나중에 돈을 많이 벌게 되면 그때 더 보내주라고 이야기를 하자, M이 냉큼,

"돈 없다는 거 뻥이야요. 딸기 판 돈 많아요."

라면서 정색을 한다.

에그……. 다른 말은 늦게 배우면서 어찌 뻥이란 말은

또 알았을까? S와 M을 앉혀놓고 딸기 판 돈 전부가 수입이 아님을 설명해 줘야 했다. 딸기 농사를 지으려면 비닐하우스를 따뜻하게 할 기름 값도 비싸고, 딸기 모도 사고, 비료도 사야하며, 농사지으며 들어가는 돈 외에 가족들 쓰는 돈을 제하면 남편들도 돈이 별로 없다는 내 나름대로 변명 아닌 변명을 해줘야 했다.

알아듣는 듯 했지만, 똑똑한 S는 자기들의 처지가 너무 딱하다는 표현을 했다. 농사일이 사철 있을 뿐 아니라, 겨울에도 비닐하우스가 있어 쉴 새가 없다고. 건너 마을에 국제결혼한 신부가 또 한 명이 있는데 자기들보다 더 불쌍하다며 그녀는 1년에 500불밖에 남편이 안 보내준다고 한다. 그 말을 듣고 보니 이들을 데려올 때 돈을 보내주기로 약속하고 데리고 온 것이 분명했다. 그러고 보니, 없는 형편에 중매쟁이한테 비싼 결혼비용을 들이고 또 처가에 매달 돈을 보내 줘야만 하는 그 남편들도 딱했다.

뭐하고 밥 먹느냐 물어보면 빙그레 웃기만 하는 그녀. 밥상을 한 번도 본 적이 없으니 뭐랑 먹는지는 모르나, 시어머니의 말을 빌리면 계란 프라이를 아이들 것 할 때는 저애 것도 꼭 해서 먹인다고 했다. 음식이 맞지 않으니 잘 먹지 못 할 것은 뻔했고, 깡마른 몸만 보아도 딱하기 그지없는 그녀를 위해 나는 바나나 빵 등 그녀가 좋아하는 간식을 종종 사들고 갔다. 어느 날은 그녀만 살짝 먹이고는 쓰레기까지 되갖고 돌아오기도 하고, 가끔씩은 4명의 아이들 몫까지 사들고 가기도 했다. 만남의 횟수가 늘다 보니 이제 그녀는, 내가 네 명의 그 집 아이들보다 자기를 더 예뻐한다는 것, 챙겨준다는 것, 그래서 내가 그녀 편이란 걸 확신한 듯하다. 그래서인지 그녀는 좀 더 자신 있어 보이는 모습으로 변해갔다. 내 앞에서는 아이들에게 제법 큰소리로 꾸중도 한다. 그래봐야 말을 잘 듣는 아이들도 아니지만 말이다.

그러던 중이었다. M에게 탁상용 달력을 갖다 주고 내가 공부를 가르치러 오는 날을 표해주고는 했는데, 그와는 관계없는 가위표가 여러 날짜 그려져 있었다. 그 표시가 뭐냐고 물어보았더니, 피임약을 떼면 며칠 안에 피가 나와야는데 보름이 지났는데도 안 나온다는 것이다. 속이 메스껍지는 않는지 물어보았더니 별 이상은 없단다. 깡마른 그녀의 몸집이나 차디 찬 손을 봐서 너무 허약해서 그럴 것이라고 짐작하였지만, 혹 아기가 생겼을지도 모른다는 생각이 들었다. 아기 생기면 낳아야지?하니 그녀는 펄쩍 뛰었다. 왜? 캄보디아로 가고 싶어서?하자, 말을 아끼던 그녀는, '캄보디아 비행기 얼마?'를 묻는다. 남편의 말로는 비행기 값이 1000불이라 하는데, S 말에는 500불이라고 했다며, 나에게 확인을 하는 것이다. 남편의 말이 또 뻥이라고 생각하는 그녀에게 자세한 설명이 필요했다. 비행기에 따라 비싼 것도 있고, 싼 것도 있으며 방학 때에는 여행을 많이 다녀서 비싸고, 비수기에는 쌀 때도 있다는 것을, 그 남편의 신뢰 회복을 위해 열심히 설명해 줘야 했다.

그러던 어느 날이었다. 입을 아 벌리고 입안을 보여준다. 그제야 그녀의 양쪽 아래 송곳니가 4개나 빠져있어서 잘 먹지 못한다는 것을 알았다. 거기다 충치도 여럿 있고,

앞니조차 여러 곳이 검게 썩어가고 있었다. 저런……. 다른 건 몰라도 이는 있어야 먹을 수 있어 건강을 유지할게 아닌가? 남편에게 왜 이를 그냥 두었느냐고 물었더니, 돈이 너무 많이 들어서 못해줬다는 들으나 마나 한 대답을 들었다. 시어머니 말씀으로는, 재 데려오느라 은행 빚을 천오백 만원이나 졌는데 아직 그 빚이 그대로 있다고 한다. 양쪽 나라 중매쟁이에게 천만 원을 나누어 주고 결혼 비용과 왕복 비행기 삯이 오백만원 들었다는 것이다.

시청 복지과에 전화를 해서 이런 딱한 사정 이야기를 하고, 도울 수 있는 방법을 부탁해봤다. 그리고는 돈은 누가 내더라도 이는 빨리 서둘러야 될 것 같아 치과에 데리고 갔다. 정 안 되면 치과 원장님한테라도 떼를 쓰리라 생각하며 재료비는 내가라도 부담해야겠다고 생각하며 나름대로 각오를 했다. 빙그레 웃으며 어쩌면 치료비도 못 받게 생긴 환자에게 치료를 시작해주신 고마운 의사 선생님.

"선생님! 치과 돈 누가? 남편이 내? 싫어요. 어머니 말해. 네 나라 캄보디아 싸다 왜 여기서 해? 해요."

"에그…… 그럼 어쩌라구? 나보고 내라고?"

"많이 많이 고맙습니다. 선생님!"

치과에 들어가는 돈이 캄보디아를 두 번도 더 다녀올 수 있는 큰돈이란 걸 그녀가 어찌 알겠는가? 다만, 그 돈의 지출로 시어머니의 심한 홀대가 싫고, 캄보디아로 도로 가고 싶은 마음에 남편에게 더 이상 빚을 져서는 안 된다고 생각하고 있는 것일까? 복지과에 잘 알아봐서 꼭 혜택을 좀 받을 수 있어야 할 텐데 그도 걱정이다.

치과에 가서 충치를 때우고 미리 제작되었던 송곳니 틀니를 끼우던 날, 아직은 처음이라 불편할 터인데도 시커멓던 앞니가 하얗게 변한 것만으로도 만족스러운지 해맑게 웃는다. 기왕 나왔던 길이니 임신여부도 확실히 검사해볼 겸 보건소에 데리고 갔다. 혹시나 해서 해본 소변검사 결과 뜻밖에 임신으로 나온다고 했다. 더 확실한 결과는 산부인과에 들러 진찰하라기에 산부인과로 데리고 갔더니, 초음파 진찰실로 들어갔던 원장이 소리를 지른다.

"저런…… 아기가 커요. 쯔쯔 이렇게도 모르다니…….

15주는 족히 되겠어요."

"아니, 그럼 입덧도 없었나 봐요. 좀 전에도 자장면 한 그릇을 맛있게 먹던데요.

"입덧은 지나갔어요. 입덧은 대개 3~4주 때 잠깐 온답니다."

어쩌면 좋담?!!! 원하던 아기였으면 축하해야 할 일이겠지만 머리가 아프다고 진통제도 틈틈이 먹었고 계속 피임약을 복용했다 하지 않았는가? 아기의 건강이 염려된다 했더니, 기도하며 낳는 수밖에 없다는 원장님 말씀을 뒤로하고 병원에서 내려오는 길, 발걸음이 무거웠다.

그녀의 남편을 만났다. 이야기를 했더니

"저런 바보 멍청이랑 내가 살아요. 기막혀 죽겠네. 에그 멍청이……."

"아저씨도 똑같아요. 곁에서 그렇게도 몰랐어요?"

애들 아빠를 야단치며 조금이라도 그녀의 민망함을 덜어주고 싶었다.

하기는 내가 봐도 걱정이다. 건강한 아기가 아닐까 봐

도 걱정이지만, 없는 집에 아이가 넷이나 되는데 거기다 하나를 더 보태면 무슨 수로 아이들 뒤를 대겠는가? 그렇다고 아이를 지울 수도 없을 것이다. 아이라는 끈이 없으면 캄보디아로 그녀가 가 버릴까봐 말이다.

큰길이었건만 철없는 딸들은 곁에서 아기 소식을 듣고 기뻐하며 소리 지르고 날뛴다.

"와! 엄마가 아기 낳아요? 야, 신난다. 언제요?"

지나는 사람들이 웬일인가 하고 거무스름한 피부의 외국인 엄마와 한국 아이들을 번갈아 쳐다본다.

"크리스마스 때쯤 동생이 생길 거야. 너희들이 엄마 말 잘 들어야 너희들처럼 예쁜 아기 낳을 수가 있어. 엄마 속 상하지 않게 말 좀 잘 들어줘, 알았지?"

"네. 근데 아기는 낳으면 캄보디아 말하는 아기 낳아요? "

에그~ 아무리 초등학교 3학년이기로 이리도 모를까? 그래! 너희들이라도 기뻐해 줘서 고맙다. M이 남편을 피해 내 곁에 바짝 다가오더니 귀에 대고 살짝 하는 말,

"애들 아빠, 아기 안 해피"라며 입을 삐쭉인다. 똑똑치

못하다지만 표정은 잘 읽어내는 그녀다. 맞아! 남편은 안 해피가 맞을 거야. 어쩌면 너에게도 네 자유를 얽어 맬, 아마 안 해피 베이비 일지도 몰라.

그녀를 보내고 돌아오는 길……. 장마가 온다더니 일기 예보와는 달리 햇살은 따갑고 맑은데, 나도 그녀 말을 빌려 안 해피하다. 어쩌면 좋지? 두통이 심하다고 그리도 고생을 하더니 그것도 임신으로 인한 빈혈이었던 모양이다. 피임약에 두통약에…… 넉 달이 지나도록 먹었던 아기가 정말 괜찮을까? 꼭 건강하고 똑똑한 아기가 태어나야 할 텐데, 그래서 그 아기가 그녀를 좀 더 해피하게 만들어 줘야 할 텐데…….

해피 베이비 파이팅! 나도 간절히 기도해본다.

발문

수필집다운 수필집을 만나 기쁘다

나태주 시인

수필집다운 수필집을 만나 기쁘다

— 박정란 수필집 『짧은 시간 긴 여행』 출간을 축하하며

나태주 시인

나는 언제나 박정란 수필가를 '박 회장'이라고 부른다. 그녀가 여러 차례 공주지역 문화 단체의 회장 일을 맡았기 때문이기도 하지만 그녀가 모든 일에 적극적이고 솔선수범하는 사람이기 때문이다. 참 오래 동안 공주의 문화예술계의 일을 하면서 호흡을 함께 하며 살아온 세월이다. 그녀가 금강여성문학회, 공주문인협회, 공주시낭송가협회 회장으로 일하는 동안 나는 늘 그녀를 곁에서 지켜보는 입장이었던 것이다.

글을 쓰는 사람으로서 그녀는 처음부터 수필을 전문으로 쓰고 있었다. 글을 씀에 있어서 부지런했고 열심이었

다. 그래서 많은 지면에서 그녀의 글을 읽을 수 있었다. 내가 보기로 그녀의 글은 매우 솔직하고 담백한 글이었다. 대개의 여성 문사들의 글이 예쁜 글을 지향하는데 그녀는 전혀 그렇지 않았다. 경험한 그대로를 썼고 생각한 그대로를 썼다.

굴절 없는 글을 쓴다는 것. 억지 수사로 꾸미지 않는다는 것. 그것은 쉬운 것 같지만 결코 쉬운 일이 아니다. 성격적으로 그래야 함은 물론이거니와 인간적 모험과 용기가 따르는 일이다. 특히 여성 필자의 경우는 더욱 그러한 일이다. 그러나 그녀의 글은 전혀 거침이 없었다. 문장을 이룸에 있어 솔직하다는 것보다도 더 큰 장점이 어디 또 있을까! 그녀의 글은 처음부터 다른 이들의 글과 구별되는 점이 있었다.

그렇게 그녀의 글을 보아온 것이 몇 년이나 되었던가? 글이 쌓일 만큼 쌓였는데 도무지 책을 낼 생각을 하지 않았다. 답답한 생각이 들었고 그래서 책을 내야 한다고 곁에서 재촉하고 부추기기를 또다시 몇 해나 지났던가? 자꾸만 머뭇거리는 그녀를 곁에서 채근하다가 이제는 나도 지칠 만큼 되었다.

그런데 책을 낸다고 한다. 늦었지만 반가운 일이고 좋은 일이다. 실상 글 쓰는 사람이 책을 낸다는 것은 필요악과 같은 일이다. 많이는 낭비적인 일이고 부질없는 일이다. 하지만 그런 일을 통해서 글이 성장하고 글 쓰는 사람의 자세나 인식이 바뀌게 되어 있다. 그러므로 책을 내는 일은 역기능보다는 순기능이 훨씬 더 많은 일이라 하겠다.

글이란 것은 일단 물을 퍼내면 새로운 물이 고이는 샘물과 같다. 책을 낼 때는 다시는 책을 내지 않겠다고 다짐하는 사람도 책을 내고서는 곧바로 새로운 글을 쓰게 되어 있고 자기가 쓴 글을 다시 읽으면서 스스로 결함을 찾고 새로운 안목을 얻어 활로를 찾도록 되어 있다.

누구에게나 글은 자기고백과 호소가 우선이고 그러므로 글은 자서전적인 요소가 강하다. 더욱이나 수필은 함께 살아온 사람들과의 이모저모 이야기들을 담도록 되어 있다. 그래서 수필은 더더욱 자서전적인 글이라 할 것이다. 시가 가진 편협함을 극복하고 소설이 가진 장황함을 다스려주는 글이 바로 수필이기에 수월찮게 덕성을 지닌 글이 수필이라 하겠다.

많이 늦었지만 이제라도 박정란 수필가의 수필집을 우리가 만나게 되고 그녀의 수필들을 모아서 읽게 된 것은 매우 기쁜 일이고 보람 있는 일이다. 더구나 본격 수필가의 수필집에 한동안 목말라 있던 우리로서는 더욱 그러하다. 모르면 몰라도 박정란 수필가의 책은 공주지역으로 한정해서 볼 때는 원종린, 김진규 이래 처음 보는 책이 될 것이다.

이제금 한 수필가의 인생이 무르익은 것을 축하하고 함께 기뻐한다. 공주 지역에서도 수필집다운 수필집 한 권을 우리가 다시 만나게 된 것을 함께 축하한다. 결코 그녀의 글은 그녀 혼자만의 글이 아니다. 가족이나 친지, 주변의 많은 사람들과의 협업으로 이루어진 글이고 한 시대 우리들의 삶의 실상을 증언하는 자료로서의 글이다.

그런 점에서 그녀의 글은 우리들에게 많은 느낌을 주고 반성의 기회를 제공하고 또다시 이정표를 제시해줄 것이다. 늘 하는 말, 송무백열松茂栢悅이라는 말이 여기에 따르고 일모도원日暮途遠이란 말이 어른거린다. 하지만 다시금 우리는 신발 끈을 매고 새로운 길, 먼 길을 재촉해야 한다.

글 쓰는 사람이 어찌 한가하게 투정하며 쉴 틈이 있으랴. 부지런함만이 우리들 모든 결함을 메꾸어줄 것이다. 그녀의 다음 행선을 우리가 주목하고 그녀가 이끌어 보이는 새로운 문장의 세계를 우리가 새삼 만나기를 소망한다. 다시금 하는 말이지만 수필집다운 수필집 한 권을 모처럼 만나서 진실로 기쁘고 고맙다.

| 남편의 퇴직기념으로 나태주 시인께서 써주신 축시 |

흘러도 변함없는 금강 물처럼
— 김학수 교수님 정년퇴임에

나태주 시인

금강, 금강 물, 공주 사람들에게는 어머니의 강물
때로는 아버지의 강물
바라보기만 해도 정겹고
생각만 해도 가슴 가득 고여 오는 든든함

내 일찍 이 강물을 닮은 한 분을 알고 있었네
오래 전에는 같은 마을 살던 이웃이었고
내가 믿고 의지하는 박정란 수필가의 남편 되시는 분
국립 공주대학교 교수님으로 오래 봉직해 오신 분

언제든 그 자리 푸르게 당당하게

계시거니 그랬었는데
어느새 그분도 세월 지나 교직 정년의 날이라네
세월도 빠르거니와 인생도 참 빠르네

하지만 그분 금강을 닮아 금강 물을 가슴에 품어
교직에서 물러나지만 여전히
변함없이 푸르고 당당하게 하루하루를 사시겠지
이 땅의 젊은이들 앞에 좋은 스승으로 계시겠지

빌어 드리고 싶어요 축원하고 싶어요
국립 공주대학교 김학수 교수님
우리의 선량하고 좋으신 이웃이시여
당신의 정다운 미소 깊으신 신뢰 변함없기를

흘러도 변함없는 금강 물처럼
어제와 같은 오늘을 사시고
오늘 같은 내일을 부디 누리소서
참 좋으신 이 땅의 스승으로 거기 그냥 계시어요

꽃은 자신이 꽃인 줄도 모르면서 꽃이고
과일은 제가 과일인 줄도 모르고 과일이라 그러지요
당신이야말로 공주 사람인 줄 모르고 공주 사람
공주 사람으로 당신과 함께 할 날들이 참으로 좋아요.

박정란

박정란 시인은 충남 공주에서 태어났고, 2007년『수필시대』로 등단했다. 저서로는『엄마와 걷던 길』(2012년)이 있으며, 공주문인협회와 금강여성문학회 회장을 역임한 바가 있다. 풀꽃시문학회 회원, 한국문인협회 충남지회 회원이며, 2017년 현재 공주예총부회장, 금강FM방송 음악도시리퀘스트 진행자, 공주 시낭송가 협회장으로 활동하고 있고, 충남문학발전대상 신인상(2008년)을 수상한 바가 있다.
박정란 작가의『짧은 시간 긴 여행』은 2007년『수필시대』로 등단한 이후 첫 수필집이며, 공주대학교 체육학과 교수인 그녀의 남편에게 바치는 선물이다. 이 세상에 결혼을 하고 아이를 낳고, 한평생을 동거동락한 남편에게는 '사랑의 선물'처럼 더없이 기쁘고 즐거운 것이 없듯이, 티없이 맑고 순수한 영혼으로 쓴『짧은 시간 긴 여행』은 한국문학사에서 기념비적인 수필집이 될 것이다.

이메일 : rans5252@hanmail.net

지혜사랑 산문선

짧은 시간 긴 여행

발　　행 2017년 8월 25일
지 은 이 박정란
사　　진 박정란
펴 낸 이 반송림
편집디자인 김지호
펴 낸 곳 도서출판 지혜 · 계간시전문지 애지
기획위원 반경환 이형권 황정산
주 소 34624 대전광역시 동구 선화로 203-1. 2층 도서출판 지혜 (삼성동)
전 화 042-625-1140
팩 스 042-627-1140

전자우편 ejisarang@hanmail.net
애지카페 cafe.daum.net/ejiliterature

ISBN : 979-11-5728-245-6 03810
값 12,000원